JN105834

派遣添乗員ヘトヘト日記

当年66歳、本日も“日雇い派遣”で旅に出ます

梅村達

まえがき――曖昧模糊とした添乗員の世界

添乗員の業界というのは、じつに曖昧模糊としている。ツアーの参加者の多くは、旅行会社の社員が添乗員をしていると思っている。しかし、そういうケースはほとんどない。

旅行会社が販売する旅行商品は「募集型」と「受注型」に大別される。

前者は新聞広告やインターネットなどで参加者をつのる、いわゆるパッケージツアー*と呼ばれる商品である。「日帰り温泉バスツアー」とか「5泊6日ハワイ・ホノルルツアー」といったものがそれである。

「受注型」は旅行会社の営業社員が学校や会社などを回って商品を受注する。修学旅行や社員旅行などもこれに当たる。旅行会社の社員が添乗員になるケースでもっとも多いのは、修学旅行である。

いずれにしても、そうした社員が添乗業務を行なうのは、全体の中でも、非常

パッケージツアー
食事、観光スポット、宿泊施設など、内容が何から何まですべて決まっているツアー。また宿泊施設、鉄道会社、航空会社などと旅行会社は持ちつ持たれつの関係で、格安料金で旅行会社に販売している。そのためにパッケージツアーは驚くほど価格が安いのが特徴。泊

に稀なケースである。

では、一番多い添乗員というのは、どういう人たちなのであろうか？

それは添乗業務を請け負う派遣会社に所属している人たちである。添乗員の業界というのは、そういう派遣の人たちなしには成り立たない。かくいう私もその一人である。

私は50歳をすぎてからこの業界に飛びこんだ（飛びこまざるを得なかった）。以来15年以上にわたり、この業界で身過ぎ世過ぎしてきた。

私の知っている添乗員に、ツアー参加者からの指名が引きも切らないという人がいる。海外旅行の場合は、添乗員を売りに集客するツアーもあったりして、タレント並みの人気を誇るカリスマ添乗員もいる。彼らはみな人当たりがソフトで話もおもしろい。人を惹きつける魅力にあふれている。

世の中にはそうしたカリスマ添乗員が書いた「おもてなし」の本や、コミュニケーション術の本なども存在する。

しかし、本書に書かれているのは、そんなスーパー添乗員による物語ではない。おトクに旅行できる知恵も、観光地をディープに楽しむ方法も載っていない。本

まった宿泊施設で支払いをするとき、添乗員もその安さにビックリするほどである。

書に描かれるのはひたすら派遣添乗員の目の前にある日常の風景である。

派遣としての不安定な立場、添乗中のトラブル、ツアー参加者からのクレーム、旅行会社とのあつれき……そんな日常の中に、時折、喜びや希望も顔をのぞかす。

この仕事が大好きかと問われれば、即答はしかねる。それでも私はこの仕事を続けているし、身体が持つかぎりはこの先も続けていくだろうと思う。それが私の生活であり、人生だからである。

本書中では、恥ずかしながら、家族のことや収入のことなどもつまびらかにした。日記形式*になっているが、本書に書かれていることはすべて私の生活の記録である。

この風景があなたにどう映るか。ぜひのぞいていただきたい。

日記形式
駆け出し時代からつい最近の出来事まで、15年超に及ぶ添乗員生活を日記形式で表現している。もちろんすべて実際の出来事であるが、人物名だけは仮名とさせていただいた。

派遣添乗員ヘトヘト日記◉もくじ

まえがき――曖昧模糊とした添乗員の世界

第1章 派遣添乗員、本日も苦情あり

某月某日 体調不良：腹痛での綱渡りツアー 12
某月某日 忍耐：二度と会いたくない「先生」 16
某月某日 カメレオン：寝返り添乗員の苦笑い 21
某月某日 注文ミス：添乗員のメイン業務はクレーム対応 26
某月某日 クレーム：「平謝り」という大切なお仕事 30
某月某日 毛虫社員の末路：派遣添乗員と旅行会社のカンケイ 35
某月某日 回収不能のアンケート：トルコ人ガイドの大失態 39
某月某日 パーフェクトゲーム：いかにして役者・芸者になるか 45
某月某日 添乗員の探偵物語：もっとも感動した修学旅行 49
某月某日 眠っていた才能：車内販売でもうひとりの自分に出会う 54
某月某日 コペルニクス的転回：なぜ派遣添乗員になったのか？ 58

第2章 ハズレの仕事、ときどきアタリの仕事

某月某日 **難民キャンプ**：パニックと化した「浜焼き食べ放題ツアー」 68
某月某日 **オロオロ**：クレームを回避するためのテクニック 73
某月某日 **人間音痴**：妻孝行のつもりが、ヒモ生活に 77
某月某日 **割ればかりの拍手**：アンケートで高評価を得る方法 82
某月某日 **打たれ強い人**：言いがかりにどう対応するか？ 85
某月某日 **吊るしあげ**：中国シルクロードツアーで悪役となる 90
某月某日 **〝アタリ〟チーフ添乗員**：修学旅行反省会のあとで 95
某月某日 **赤玉、青玉、白玉**：乾いた街に咲いた一輪の冬の花 100
某月某日 **大名旅行**：添乗員冥利につきるツアー 104

第3章 添乗員を取り巻く奇妙な人びと

某月某日 **人生のベテランたち**：バイキングは戦場である 110
某月某日 **私のバスはどこ？**：添乗員が集合場所を連呼するワケ 113
某月某日 **コーコツの旅人**：なにやら臭う話 116
某月某日 **ドライバーもつらいよ**：バスドライバーたちの本音 120
某月某日 **迷惑ドライバー**：添乗員とドライバーのビミョーな関係 124
某月某日 **プロ中のプロ**：おばあさんガイドの大逆転劇 129

某月某日　涙の「ペッパー警部」：養護施設、日光江戸村1泊2日　133
某月某日　スキルアップ：添乗員業界で働くためのいくつかの条件　137
某月某日　出入り禁止：金髪の若者に教えられたこと　141

第4章　旅行業界残酷物語

某月某日　引っ越し：年金15万円弱の温泉ライフ　148
某月某日　あぶない一線：「疲れ果てる」を超えた旅行会社社員　152
某月某日　添乗員は見た！：旅行会社の企業風土　156
某月某日　宴会係の告発：宴会が大荒れする3つの職業とは？　160
某月某日　置き去りイスタンブール：とうとう現れなかった2人　166
某月某日　インドの悪夢：人生最高のカルチャーショック　170
某月某日　宿泊客のいない旅館：廊下にたたずんでいた妖婆　174
某月某日　天国と地獄：添乗員が泊まる部屋　180
某月某日　無料ツアー：旅行会社が儲かるカラクリ　183
某月某日　ツアーにんげん劇場：出会いが織り成す一期一会のドラマ　187

あとがき――火つきの悪いライター　195

装幀◉原田恵都子（ハラダ＋ハラダ）
イラスト◉伊波二郎
図版作成◉二神さやか
本文組版◉閏月社

第1章

派遣添乗員、本日も苦情あり

某月某日

体調不良：腹痛での綱渡りツアー

夜中に目が覚める。どうも腹の調子がおかしい。トイレに立つと、下痢であった。それも相当にひどい。寝床とトイレを何度も往復する。

そうこうしているうちに、朝を迎えてしまった。今日は、バスツアーの仕事が入っている。前日に旅行会社に出社して指示書の確認をし、すでに準備は済ませてある。しかし、体調はいっこうに良くならない。午前6時、そろそろ家を出なければならない時刻だ。

添乗員も人の子。体調が土砂降りの日もたまにはある。しかしこの仕事では、仕事の当日に急にピンチヒッターを頼むのは、よほどのことがない限り無理だ*。

寝床から起きあがることもできないという身体の具合ではない。腹の調子が悪いだけだ。それ以外に不調は感じない。ただしもしかしたら、ノロウイルスかもというくらい、極度にトイレが近い。

急にピンチヒッターを頼むのは、よほどのことがない限り無理
添乗員はツアーに備えて、参加者の名簿をはじめとする書類一式をたずさえ、訪れる観光地などの下調あれこれと考え、どうしたものかと迷った。その間にも刻々と家を出る時刻が迫ってくる。

ええいままよ、と出かけることにした。バスの出発地点へ行くまでに粗相をしたら、そのときこそ責任者*に助っ人を頼むまでだ。万一の際の着替えを用意して、ともかく家を出た。

あれほどトイレへ行っていたのに、不思議なことに家を出たとたん、ピタリともよおさなくなった。精神力というのはすごいとあらためて感じ入った。

どうにかバスの出発地点・新宿まで、何ごともなく来ることができた。ここまで来たのだから、賽は投げられたも同然。もう、がんばるしかない。

この日のツアーは新宿を出発し、栃木市の蔵の街を散策したあと、イチゴ狩りを行ない、日帰りで新宿に戻ってくる旅程だ。

腹の調子はといえば、小康状態を保っているものの、不穏さを感じる。凶暴なトラが腹の奥底で眠っているような感じがして、気が気ではない。

今日のドライバーの関根はおもしろい人だった。朝からギャグを連発してくる。だが笑いをさそう話が今日に限ってうらめしい。緊張感をもって腹の状態を注視

べをして、万全の態勢で当日に備える。だから当日になって急にピンチヒッターとなっても、代わった人はわけもわからずに、ツアーに臨むことになる。ピンチヒッターがベテランならばまだしも経験の浅い人だととんでもないことになってしまう可能性大。

責任者
酔いつぶれて起きられず添乗員がツアーの集合場所に現れないということも過去に前例があったと聞いている。その場合は、派遣会社の社員が混乱した現場にすっ飛んで行き、添乗員を務めるしかない。ドタキャン劇が長期の海外ツアーともなれば、想像を絶する添乗業務になろう。

している身としては、笑いは破滅への第一歩でもある。

同業者の命取りとなった大失敗は、直接、間接を含めて、いろいろと耳にしている。

ある添乗員は、忘れ物に気づいて、発車間際の新幹線から降りた。しかしその間に、ドアが閉まってしまう。添乗員はドアにしがみつき、列車の出発を遅らせて、大問題となってしまった。

別の添乗員は修学旅行中、泣いていた生徒（女子高生）をはげまそうと、肩に手をやり声をかけた。しかし生徒は、添乗員にセクハラをされたと学校に訴え、これまた大問題に発展してしまった。

いずれの添乗員も、それらの失敗によってレッドカードをもらい、業界から去っていかざるを得なくなった＊。

それにしても、添乗員が参加者の前で粗相をするという失態は、さすがに聞いたこともない。ヘマ列伝に加わらないよう、最悪の事態は回避しなければならない。

なればこそ、今日の一番の仕事は何ごともなく無事にツアーを終えること。

業界から去っていかざるを得なくなった
人間関係が原因で派遣会社を辞める人は多い。また、ミスが重なり、居づらくなって辞めるケースもある。そういう場合は、派遣会社を移るだけで、添乗員の仕事そのものを辞めるわけではない。ところが、致命的な失敗を

　そうしてその日、私は危機一髪の体調に折り合いをつけながら、〝寝た子〟を起こさぬよう仕事をしていった。その甲斐あって、午前中は何ごともなく、昼食の時間を迎えることとなった。

　その日の昼食は弁当であった。弁当など食べて、〝寝た子〟を刺激するわけにはいかない。ドライバーにあげることにした。

ドライバーの関根はけげんな顔をして、「どうして？」と聞いてきた。私は事情を説明した。

　それに対して、関根は「腹の調子がそんなに悪いの。大丈夫？」と心配してくれた。そして何度も、「弁当をもらっちゃって、本当にいいの」と聞いてくる。

　一応、私の体調を心配してくれているようではあった。添乗員には旅行会社から食事が提供される*。しかし、日帰りツアーだとほとんどの旅行会社はドライバーにまで食事を提供するわけではない。関根の顔からは、心配というよりも、弁当一食分を浮かせられる喜びがこぼれていた。

　午後は腹の調子もだいぶ良くなっていった。どうやら心配していたノロウイルスではないらしい。

犯して、会社を辞めさせられる場合は、派遣会社同士の横のつながりがあり、業界から離れざるを得ない。

添乗員には旅行会社から食事が提供

たとえば、日帰りで昼食1回つきのツアーだと、添乗員も旅行会社から昼食が提供される。1泊2日だと、たいていは初日の昼食、夕食、2日目の朝食、昼食が、旅行会社持ちとなる。ただし募集型（一般のツアー）と受注型（社員旅行など）では、食事の内容は大違いである。後者は参加者と同じものを食べられることが多いが、前者はカレーライスやラーメンなど、添乗員用の食事（業務食）を食べることになる。ただ旅行会社によって食事の扱いは多少異なる。

しかし、綱渡りの状態に変わりはない。気をゆるめたら一巻の終わりと、緊張感を保ち続けた。

そうしてどうにかこうにか、仕事を無事にやりとげることができた。朝の体調を考えれば、上出来である。

それにつけても、心配を装いながら、うれしさを隠しきれなかったドライバー・関根の表情。つらい一日の慈顔であった。

某月某日　忍耐：二度と会いたくない「先生」

埼玉県で開催された国体の仕事をしたときのことだ。

朝、指定された時間に大宮の支社へ行くと*、旅行会社の担当者・猪野は別の添乗員と打ち合わせの最中であった。私はその後ろの長椅子に腰かけて、自分の順番を待った。

猪野は話の合間に、書類を探しに行ったかと思うと、コピーを取りに行ったり

支社に行く
添乗員はツアー前の「準備」やツアー後の「精算」で旅行会社を訪れる。準備や精算は派遣会社で行なわれることもあれば、場合により郵送で済ますこともある。

とあわただしい。後ろで聞いていると、どうやら猪野の準備がまったく不十分なまま、打ち合わせに臨んだようであった。

添乗員は指定された時間に来社しているのだ。本来ならば担当者である猪野は準備万端ととのえて添乗員を迎えるのが礼儀というものだろう。

ふつうであれば皮肉のひとつも言いたいところだ。とはいえ、旅行会社の社員と派遣添乗員の立場は対等ではなく、黙って待つしかない。

そうこうしているうちに、添乗業務の時間が迫っているという理由で、中途半端なかたちで打ち合わせは打ち切られた。

「それじゃあ、お願いします」

それだけ言って、猪野は添乗員を送り出した。添乗員は困惑の表情を浮かべて試合会場へ向かった。

続けざまに、猪野は後ろで待っていた私にこう言った。

「打ち合わせの時間がなくなりました。しょうがないので、会場に向かう車の中で打ち合わせましょう」

猪野が運転して、国体が開催されている会場へと車を走らせた。

猪野はハンドルを握りながら、この日の業務を説明するのだが、ここでも説明がさっぱり要領を得ない。猪野自身が当日の業務内容を把握できていないのだ。当然、私が何をすべきかもよくわからない。

そうこうするうちに、車は国体の会場に着いてしまった。猪野は「私は行かなければならないところがあるので」と言い、有無を言わさず私を車から降ろし、そのまま走り去ってしまった。私も先程の添乗員と同じ困惑顔のまま、会場に放り出されたことになる。

私は不安なまま、自分の持ち場であるバトミントン会場に向かった。

いまひとつ理解不足ながら、私がしなければならないのは、昼食用に手配された弁当を受け取り、高校ごとに配ること。そしてトーナメント形式の試合に勝ち進んだ学校のために当日宿泊するホテルの手配をすること。以上のことであった。

ところが、受け取るはずになっている弁当が届かない。猪野に聞かされていた場所に弁当業者が来ないのだ。配達時間をすぎ、焦った私は業者に連絡を入れた。そして業者が違う場所に配達し、向こうは向こうで担当者がいないので困っていたと告げられた。

ようやく会った弁当業者には嫌味を言われ、予定の昼食時間を大きくすぎて弁当を配っている際には、学校関係者から「お前のところの会社、評判悪りぃぞ！」と思い切り面罵（めんば）された。試合に出場する生徒たちは冷ややかな目で、学校関係者に注意される私を見つめていた。

何しろ悪いのはすべてこちら側なのだ。私はひたすら頭を下げるしかなかった。災難は続く。勝ち残った学校が宿泊する件でホテルへ電話を入れると、「事前の連絡もろくろくよこさないで、今ごろになってなんだ！」とこれまた湯気の立つような怒りよう。

ホテルの手配*ができないとなれば、大問題となってしまう。私はともかく「申し訳ございません」と謝り続けた。ひたすら低姿勢で泣きつくような格好で、ようやく人数分の食事と部屋の手配を済ませた。

そうしたトラブルのたびに、私は猪野に電話を入れた。けれどもいっかな電話に出ることもなければ、かけ直してくることもなかった。

現場のトラブルは、現場の担当である私が処理せざるを得ない。旅行会社の担当者のことを話したとしても意味はない。

ホテルの手配
トーナメント形式なので、勝ち残った学校は翌日にも試合が組まれる。そうなれば当然、試合会場の周辺に宿泊しなければならない。その宿が取れないとなったら、取り返しのつかない大失態である。

関係者全員から「できないやつ」という目で見られるのは忍び難いものがある。とはいえ、それを受け入れるのも派遣添乗員の仕事なのだ。

心で泣きながら、私は仕事をこなしていった。私にとって長すぎる一日は、どうにかすぎていった。

翌朝、目覚まし時計に起こされる。国体の仕事は2日にまたがっていた。昨日と同様、今日の手配も覚束ない。

このときばかりは心の底から仕事現場に行くのが嫌だった。このまま家に帰ってしまおうかとも思った。しかし、仕事の性質上、放り出すわけにはいかない。

重い気持ちで着替えながら、今日もまた一日、怒鳴られ、謝り続けるのかと思ったら、情けなくて涙が出てきた。

精神医学者のジェラルド・G・ジャンポルスキーは『ゆるしのレッスン』（大内博訳、サンマーク文庫）で「出会う人すべては忍耐について教えてくれる先生」と記している。

猪野は強烈な忍耐をプレゼントしてくれた、この上ない、そして二度と会いたくない「先生」であった。

某月某日　カメレオン：寝返り添乗員の苦笑い

私が所属しているのは添乗員の派遣を専門にする会社だ。添乗員を派遣する会社は、大別すると2つに分かれる。大手の旅行会社系列の会社と、それ以外の会社である。

前者は後者にくらべれば、社会保険が完備しているなど待遇がよい。30代までに添乗員の仕事を始める人はたいていこちら側の会社に所属している。若い人が多く、目一杯仕事をしたいという人ばかりである。

対して後者は会社の規模において、大手から零細まで、玉石混交である。大手はやはり若い人が多く、中小以下は年輩者が多い。待遇は当然のごとく、規模の大小にストレートに比例している。

私は中規模クラスの会社に所属していた。私のように50歳をすぎて業界に入った者*は条件がどうのこうのと言える立場ではなかった。社会保険とは無縁の、要

50歳をすぎて業界に入った者
高齢社会を反映してか、中高年になってからこの業界に入ってくる人は結構多い。年金をもらいつつ小遣い稼ぎということであろう。私より上の70代の添乗員もいるし、噂では80を超えて現役という添乗員もいるという。

するに〝日雇い〟の日給システムだ。

ここに登録し、会社から仕事を斡旋されることになる。実績や信頼のある添乗員には仕事が多く回るし、経験が浅かったり、会社から嫌われている添乗員にはなかなか仕事は回ってこない。

大手の旅行会社は、子会社として自らの資本が入った添乗員の派遣会社を運営し、それ以外にも中小規模のさまざまな派遣会社とも付き合っている。

旅行会社は派遣会社に、添乗員を派遣するよう依頼する。依頼を受けた会社は、所属している添乗員に仕事を割りふる*。

仮にAさんという添乗員がいるとしよう。派遣会社に所属するAさんは、自分に割り当てられた仕事は、どこの旅行会社の区別なく、引き受ける。

だからAさんは、ある日はX旅行社、別の日はYツーリスト、さらに別の日はZ交通社のネームプレートをつけて、添乗員として仕事をすることになる。ライバル会社の間を、日々カメレオンよろしく変幻自在に仕事をこなしていくのだから、不思議といえば不思議な業界である。

添乗員に仕事を割りふる 仕事を割りふる人を「アサイナー」と呼ぶ。私の所属していた会社のアサイナーは、30代の男性で気が弱かった。社員なので契約者の添乗員よりも立場は上のはずなのだが、彼は主（ぬし）のようなベテラン女性添乗員に気おくれして、何も言えないのであった。女性の言いなり状態になり、おいしい仕事はほとんど彼女が持っていってしまった。

私はこんな経験をしたことがある。羽田空港のロビーで、ある旅行会社の添乗員として、その会社の社旗を立ててツアー参加者の一団を案内していた。そこへライバル旅行会社のツアー団体がやってきた。たまたまその一団の中に、つい先日、私が添乗員として世話した老夫婦がいたのだ。

彼らは私がその旅行社からライバル会社へと、わずか数日のあいだに移籍したと勘違いしたのか、寝返り（⁉）に目を丸くして驚いていた。

カメレオン添乗員の私は苦笑いを浮かべて夫婦に会釈した。こうしたことも派遣添乗員ならば、経験する出来事なのである。

派遣添乗員の報酬は、だいたい日当１万円ほど。現在では、大半の旅行会社は時給計算をしていて、時給自体は高くないが、仕事柄、長時間拘束されるので、そのくらいの金額になる（なお、時間給は派遣会社にもよるが、おおむね長く在籍していればいるほど、上がっていくシステムとなっている）。

ここに準備、精算、前泊手当て、後泊手当て、車内販売手当て*などのこまごまとした業務給が加算される。

おいおい述べるが、添乗員は添乗業務の前後には、旅行会社で準備、精算をし

＊前泊手当て、後泊手当て、車内販売手当て
旅行会社によって、手当ての内容はまちまち。たとえば前泊する際、食事代のみという会社もある。

なければならない。そのため添乗業務ができるのは、月に20日くらいが限度となる。

参考まで、私の2014年10月の勤務カレンダーを次ページに掲載する。この月の休みは6日だけである。ちなみに私の年間の収入を月平均にならすと、およそ月収10万円といったところだ。

仕事はゴールデンウイークやお盆休みが書き入れ時となる。春のお花見、秋の紅葉シーズンも非常に忙しい。

逆に冬場は仕事量が急激に減る。月に1〜2回しか仕事が回ってこない、というようなこともざらである。いくら働きたいと思っても、仕事がないのが実情で、旅行シーズンのオフ*はほとんど収入ゼロに近い状態となる。派遣添乗員とはかくも不安定な仕事なのである。

前泊するには移動時間がかかるし、1泊するという時間的拘束もあるため、それらを考慮して、手当てを支給する会社もある。また移動距離に応じて、手当てを出す会社もある。

シーズンのオフ
添乗員の仕事は、真夏、真冬は少ない。特に寒い時期はまさに冬枯れ状態でまとまった仕事はほとんどない。当然、旅行会社が募集するツアーの本数自体も少ない。ただし海外ツアーは冬でもそれなりに出ている。価格的にセール期間で最安値で旅行ができる。海外旅行を楽しみたい人はむしろこの時期がおすすめ。

繁忙期

2014年10月

SUN	MON	TUE	WED	THU	FRI	SAT
			1	2 準備 （支社に出社）	3	4 成田に 前泊
5 トルコツアー 7泊8日 →	6	7	8	9	10	11
12 →	13	14 精算 （支社に出社）	15	16 準備 （支社に出社）	17	18 イタリアツアー
19	20	21	22 7泊8日 →	23	24	25 →
26	27 精算 （支社に出社）	28 準備 （支社に出社）	29 東北ツアー	30 2泊3日 →	31 →	

某月某日 注文ミス：添乗員のメイン業務はクレーム対応

添乗業務は、確認につぐ確認の作業である。それでも、人のすること。完璧な仕事というのはなかなかに難しい。

特に私は自分で言うのも何であるが、大ざっぱなところがある。そのためにこれまで、いくつもの失敗を重ねてきた。

凡ミスはたくさんありすぎて、ほとんど忘れてしまった。しかし決して忘れることのできないヘマもある。私の数え間違いによって、奇跡的なことが起こったからである。

その日は帰りが遅くなるスケジュールが組まれた、東京発の日帰りツアーに出かけた。そのために夕食にオプション*の弁当が用意されていた。

希望者は弁当を注文する。そして、観光が終わった帰りのバスで弁当を食べてもらうというのだ。

オプション
オプションを申し込んだ人だけに夕食の弁当が提供される。旅行会社としては多くオプションを申行きのバス内で注文を取るべく、参加者に申し込み用紙を配って、ほどなく回収。私は「一、丅、下、𤴓、正……」と手元のメモに書き込みながら、申し込みの弁当の数を集計していった。

数えた結果は「33」。もう一度、念のため数え直す。やはり「33」であった。そこでその数の弁当を業者に注文した。

ツアーはスケジュールにそって、つつがなく終了。そして予定どおりに、高速道路のサービスエリアで、業者から弁当を受け取った。

ふたたび走り出したバスの車内で、希望者一人一人にさっそく弁当を配っていった。

ところが、である。弁当を配り終えたというのに、「自分の分がない」という乗客が出てきた。なんと弁当の数が5個も足りないのだ！

私はうろたえた様子を悟られないようにして、自分の席に戻った。そしてもう一度、申し込み用紙を数え直してみる。すると注文は「38」もあるではないか！

どうやら私は2回続けて、「正」の字を数え間違えるという、初歩的なミスをしてしまったらしい。冬のツアーだというのに、冷や汗がにじんできた。

し込んでもらうことが利益につながる。基本的にオプションを獲得しても添乗員には見返りがない。それでも添乗員の中にはこのオプション獲得に異様に燃える人もいる。

とにかく今さら、もうどうしようもなかった。弁当を配ることのできなかった人に謝るしかない。

不祥事が発覚すると、役所や会社の幹部が、上体を90度に折り曲げて謝罪している光景をテレビのニュースでよく見る。ニュースネタになるような不祥事にくらべれば、私の過ちはスケールが小さすぎる。

けれども私のうっかりミスによって、腹を空かすことになった人が5人も出たのだ。私もバスの車内で身体を折り曲げて、ひたすら謝った。

被害をこうむった参加者が旅行会社にクレームをつけることがある。それほどめずらしいことではない。同僚の中には「添乗員のメイン業務はクレーム対応」などと言う者もいる。

旅行会社に寄せられるクレームが困るのは、それを受ける担当者の心証を害することだ。

旅行会社は、派遣会社にクレームをつける。派遣会社は所属の添乗員を厳しく指導する、というわけだ。クレームは川上から川下へと流れてきて、最後にわれわれ派遣添乗員を直撃する。クレーム内容によっては仕事が回ってこなくなることもある。

幸いなことに弁当を食べそびれることになった2つのグループの計5名の人たちは寛大であった。平身低頭する私に「いいよ、いいよ」と、笑って許してくれたのである。

参加者には、いろいろな人がいる。ささいなことに怒りをあらわにする人。何ごとにもケチをつける人。人のアラさがしを無上の喜びとする人。その手の人だったら、私のこのミスはたいへんなことになっていたであろう。私は安堵のため息をついた。

この日のツアーは、帰りのバス内で抽選会*をすることになっていた。抽選に当たった人には、景品が用意されている。

景品はイチゴが3箱。ツアーには、45名が参加していた。つまり、イチゴが当たる確率は、15分の1である。

夕食が終わる頃合いを見はからって、参加者に袋に入った抽選券を順に引いていってもらった。券には1から45までの数字が印刷してある。

当選番号は事前に、私が決めておいた。45人の参加者ということで、キリのい

抽選会
参加者へのサービスとして、ツアー中に抽選会を行なう旅行会社は多い。なかにはそれを目玉にして、参加者をつのっている会社もあるほどだ。抽選会は抽選券形式をはじめ、ジャンケン大会、ビンゴゲームなどが行なわれる。泊まりのツアーでは、テレビやゲーム機などの豪華景品が当たる抽選会を大々的に行なう会社もある。

いところで、15、30、45を当たりとした。その数字をマイクで読みあげる。するど、なんと私のミスを許してくれた例の2つのグループの、それぞれのひとりずつが当たり番号を引いていた！

こんなところに私情を挟むべきでもなかろうが、私はホッとすると同時に恩返しでもできたような気になった。

これは単なる偶然なのであろうか。失敗を笑って許してくれた人がそろいもそろってクジに当たるとは。

運というものは、やはりある。そして運というのは、宿るべき人のところへ宿るのだ。

某月某日　クレーム：「平謝り」という大切なお仕事

各旅行会社は、購入者にアピールすべく、てんこ盛りの内容のツアーを組み、かつできうる限り価格を低く抑える努力をして、商品を作成、販売する。添乗員は、旅行商品の最後の仕上げを担当している。実際に行なわれる団体旅行において、予定どおりにスケジュールを進めていくのが、主たる業務である。

そのために、添乗員は「旅程管理主任者*」という国家資格を有している。資格を有するにはテストがある。とはいえ、テスト内容は団体ツアーに関するごくごく常識的な問題ばかりである。国内に関しては、受験者のほぼ全員が合格というレベルである。海外の試験にしても、ある程度の英語力（英検準2級くらい）があれば合格となる。こちらもさほど難しい資格ではない。

団体旅行を遂行するにあたって、旅行会社の担当者は添乗員向けに、スケジュールの進行を記した指示書を作成する。添乗員は、この指示書にしたがって、ツアーを進めていく。

とはいっても実際の旅行においては、観光バスが渋滞に巻きこまれるなど、アクシデントやトラブルはよくある。添乗員はそれに対処しながら、臨機応変に仕事をこなしていかなければならない。

そして何といっても、人を相手にする客商売である。ただ無難にスケジュールを消化するだけではなく、旅行の参加者に〝満足〟を提供しなければならない。

旅程管理主任者
添乗員は旅程（スケジュール）を管理するのが、主たる業務である。たとえば12月のツアーで、最後に冬桜を鑑賞する旅程が組まれていたとする。12月は16時半ごろには真っ暗になってしまう。したがって冬桜の場所へは少なくとも16時前までに着かなくてはならない。こうした時間管理をはじめとして、ツアーが滞りなく進行するように進行役を務めるのだ。

これが難しいのだ。

しかも募集型の団体旅行では、アンケートですぐに参加者の満足度が数値化されてしまう。だから添乗員は、スケジュールを円滑に処理する能力に加えて、プラスアルファの能力*が求められる。

たとえば、こういうケースがあった。格安の伊勢神宮ツアーである。東京を出発後、豊川稲荷に立ち寄り、続いて伊勢神宮をお参りする1泊2日の旅程だった。

団体旅行で非常に安く旅行ができるのは、鉄道会社や航空会社などが旅行会社に団体料金として格安でチケットを販売するからである。

添乗員に渡されるのは、ひとまとまりの団体席である。安いかわりに、座席を選ぶことはできない。横並びの席もあれば、飛び飛びの席もある。それらをひっくるめて、人数分のチケットが渡されるのだ。したがって座席が離れればなれになる可能性もある。

久しぶりの親子旅行だという母と娘が参加していた。

クレームをつけてきたのは母親のほうである。娘との席が離れているのが許せないという。目つきに険があった。どことなく女優の渡辺えりに似ている。

プラスアルファの能力
添乗員は最低限、旅程を管理する能力が求められる。それにプラスして、参加者を楽しませる話術が巧みなど、能力が必要だ。なかには歌やマジックを披露してツアーを盛り上げる添乗員もいる。

私は団体席の事情を説明した。この段階で引き下がってくれる人は多い。

しかし、渡辺はいっこうに納得しなかった。

「このくらいのことを気がきかせられないのか」「スタートから気分が悪い」「母娘水入らずの旅が台無しになってしまう」等々……。

数分間にわたって、私はネチネチと責め続けられた。理路整然と説明したところで、席が離ればなれになること自体が気に入らないのだから、こちらとしてはもう謝り続けるしかない。こういう場合、下手に反論しようものなら、怒りの油に火を注ぐことになる。

挙げ句の果てに、渡辺はこう言った。

「こんな侮辱、生まれて初めてよ」

いったい何が侮辱だというのか……。この言葉には私もさすがに反論がノドまで出かかった。しかし、グッと呑み込むしかない。

相手の言っていることは理不尽極まりない。だが、客商売のつらいところだ。ひたすら謝ることも添乗員の重要な仕事のひとつ、というわけなのだ。

「お母さん、いい加減にしなさいよ」と見かねた娘が間に入って、ようやく私は解放された。

子どもの成績が悪いのを、教え方が悪いからだと、学校に怒鳴り込む親がいるそうだ。いわゆるモンスターペアレントという輩である。

もっと驚いたのは、病気が良くならないのは、治療の仕方が悪いせいだと、医者や看護師に暴言を吐いたり、暴力をふるったりする人がいることだ。

添乗員が仕事のことでケチをつけられることなど、驚くにも値しない。いつのまにかそう思うようになった。これもまた、職業病のひとつかもしれない。

「40歳をすぎた人間は、自分の顔に責任を持たなくてはならない」とは、アメリカ合衆国大統領のリンカーンが残した言葉である。

添乗員としての仕事を通じて、多くの人に接してきた。その経験から、たしかに顔には心の履歴書という一面があると思う。

失敗によって、人は学習する。新幹線の団体席のゴタゴタがあって以来、私は座席割りに作戦を練るようになった。

横並びにならない席を割りふる際には、まず顔つきに注意を払った。柔和で穏やかそうな表情の人に相談するようにしたのである。こうした経験を繰り返すうちに、表情はその人の内面も映し出すことを私は実感した。

クレームをつける人、つけない人は、表情、雰囲気、目つきでほぼ１００％見分けられるようになった。長年の添乗員生活における危機管理術といえるだろう。

以降、座席のことでクレームをつけられることはなくなった。

某月某日　毛虫社員の末路：派遣添乗員と旅行会社のカンケイ

添乗員の業務は、ツアーに同行して、時間管理や参加者の面倒を見ることだけではない。ツアーの添乗業務の前段階としてツアーの準備*、また後段階としての精算なども業務の中に入っている。ツアーの前日か前々日、旅行会社に赴いて準備をするし、ツアーのあとにも旅行会社に行って精算業務が待っている。

ツアー準備に際しては、旅行会社に所属するツアーの担当者（ほとんどが正社員である）が添乗員のために、「参加者の名簿」「ツアーの指示書」「飛行機や新幹線などの乗車券」等を用意しておいてくれる。

準備
募集型ツアーでは、準備の日に参加者の名簿をもらう。添乗員はその名簿を見て、参加者に確認の電話を入れる（日帰りツアーでは、現在は電話をしないほうが主流）。確認の電話は参加者をはじめ、バス会社、食事処、観光スポットなど、ツアーに関するところへはすべてかける。そのような確認は、準備における添乗員の大切な仕事である。その他にも、新幹線や飛行機・バスの座席割り、宿泊施設の案内など、こまごました仕事がある。要はツアーがつつがなく進行するための準備である。これで大丈夫という仕事内容は、添乗員によって異なる。

添乗員はまず、それらの書類一式に目を通す。それからバス会社、観光スポット、土産物店、食事処などに電話して、手配の確認*やツアーの当日のことなどについて、打ち合わせをする。

日帰りや1泊2日などの募集型のバスツアーの場合、ひとたびツアーに出てしまうと、添乗員は孤立無援の戦いとなる。観光するところを参加者に説明できるくらいにはツアーの内容を把握しておかなければならない。参加者の質問に立ち往生してしまえば、添乗員としての信頼を失うことになる。

旅行会社によっては、ツアーで訪れる観光スポットや施設の資料も潤沢に揃えておいてくれるところもある。

その一方、資料が一切なしという会社もある。文句など言えないので、後者の場合、添乗員が自分で資料を揃えるところから始めなければならない。時間に余裕があれば、旅行会社のホームページを開いて、自分が添乗するツアーの内容を事前に調べておいたりする。

もっともこれが社員旅行などの御一行様ツアーでは、ほぼ100%バスガイドがついてくれる。だから極端なことを言えば、昼間の観光に関しては、バスガイ

手配の確認
確認作業は添乗員の基本中の基本だ。これを怠ると大失敗につながる。たとえば繁忙期にはバス会社も自前のバスがすべて出てしまい、他へ仕事を回すこともある。その際、バス会社の連絡ミスで、参加者が46人いるのに、45人乗りのバスが来てしまうこともある。添乗員が事前にバス会社へ確認の電話を入れておけば、こうしたミスは防げる。

ドにおまかせ*でそれほど準備に時間はかからない。

バスガイドといえば、みなさんはバス会社に勤務する社員だとお考えだろうが、世知辛い世の中、バスガイドもまた派遣が増えている。バスガイド専門の派遣会社に登録して、仕事があるときだけバスガイドとして勤務となる。われわれ派遣添乗員とまったく同じなのだ。

泊まりの社員旅行の場合は、むしろ旅館に着いてからが添乗員の仕事である。宴会のセッティングや二次会の手配など、夜遅くまでの仕事となる。

ところで、派遣添乗員と旅行会社の関係というのはビミョーなものでもある。派遣会社に所属しているわれわれ添乗員にとって、旅行会社はもう一つのお客様*でもあるからだ。

旅行会社は派遣会社に添乗員の派遣を依頼し、それによって添乗員の仕事が発生している。旅行会社側から見れば、派遣会社など掃いて捨てるほどあるわけで、意に沿わなければ、別の派遣会社に依頼すればいいのだ。

仕事を出すのは旅行会社側であり、添乗員とのあいだには上下の関係が生じや

バスガイドにおまかせ
バスガイド同士で、添乗員の悪口を言っているのを聞くことがある。バスガイドに嫌われる添乗員は、でしゃばりタイプのようだ。ガイドがすべき車窓案内などのガイディングを添乗員がベラベラ話せば嫌われる。それぞれの専門分野に安易に立ち入るのは避けるべきだろう。

もう一つのお客様
旅行会社から派遣の依頼がなければ、派遣会社はつぶれる。だから派遣会社と契約を結ぶ添乗員にとっても、旅行会社は一番のお客様ということになる。旅行会社に準備や精算に行くときなどはツアー中よりも気を使った。

すい。派遣添乗員は下請けであり、弱い立場にある。

私が添乗員として接した旅行会社の社員は、おおむね温和な人たちばかりである。けれどもどの業界でもそうであろうが、性格のゆがんだ人というのは必ずいるものだ。私が経験した、ある旅行会社の社員の話だ。

瀬川は大手旅行会社の30代の男性社員であった。彼は同僚の社員同士とならば、ふつうの話し方をする。

ところがひとたび派遣添乗員が相手となると、別人になって、あからさまに高圧的な態度を取るのであった。顔には、この添乗員風情（ふぜい）めがというバカにした表情がありありと浮かんでいた。

添乗員としては、ツアーの担当者の性格が良かろうと悪かろうと、話をしなければならない。添乗員のあいだで、瀬川の評判は最悪だった。毛虫のごとくに、忌（い）み嫌われていた。もとより派遣という立場の添乗員が、派遣を依頼する側の旅行会社の正社員に逆らいようのあるはずもない。添乗員が瀬川と打ち合わせがあろうものなら、機嫌を損ねぬよう、それこそ腫れ物にさわるように接した。

その嫌われ者社員には、後日談がある。彼はその後、地方に転勤となり、われわれの元を去っていった。もちろん私たち派遣添乗員はみなホッとし、かつ大いに喜んだ。そうして、彼と会うことはなくなった。

ところが、瀬川が7年ぶりに元の部署へ戻ってきたのであった。そして、驚いたことにわれわれに対する物腰が一変していたのである。居丈高な姿勢は消え失せ、派遣添乗員のわれわれにも別人のように腰の低い態度で接するようになっていた。以前が以前だけに、あまりの変わりようは薄気味悪いほどであった。

東京を離れている間に、瀬川の身にいったい何が起こったのか？　添乗員の仲間内でもいろいろな噂が飛び交ったが、真相はわからずじまいである。

いずれにしても、瀬川にとってばかりではなく、添乗員にとっても、良好な変身であったことだけは間違いない。

某月某日　回収不能のアンケート：トルコ人ガイドの大失態

トルコツアーのアンケートで前代未聞の困った状況におちいってしまったこと

がある。

そのときのツアーの参加者は、15名ほど。こぢんまりとした団体で7泊8日の旅程をこなす、添乗員としては仕事のしやすいツアーであった。

しかも全員が60代後半と、年齢的にまとまっていた。私のちょっと上の世代で、親近感をもって接することができた。

同世代ゆえに、話がはずむのであろう。2日、3日と経つうちに、グループの垣根がとれて、ツアー全体に和気あいあいとした雰囲気が醸成されていった。そうしてホテルの夕食では、全員で談笑しながら、酒を酌みかわす光景が繰り広げられた。

参加者同士が、そういう良好な関係になってくれればしめたものである。気の合う仲間と一緒の旅ほど盛り上がるものはない。ツアーはもう成功したも同然であった。

ところが一方において、頭の痛い問題が持ちあがった。トルコツアーでは、トルコ人の日本語ガイド*がずっと同行する。

そしてバスでの移動中、観光地の案内をはじめ、トルコの歴史、文化、風習な

日本語ガイド
海外ツアーでは、日本語ガイドがつく。トルコやインドでは、現地の空港

ど、さまざまな話をする。

今回のガイドは40代と思われる男性・ケマルであった。ケマルの話しっぷりは、よく言えばていねい、悪く言うとくどいところがあった。

最初のうちこそ、参加者は耳をかたむけていた。だがユーモアもまじえず、一本調子のガイディング*は次第に飽きられていく。

そもそもバスの移動中は、適度の揺れもあって、眠くなりがちだ。延々と続く話は、睡魔を加速させた。最初は寝てしまっては悪いと思っていた参加者もだんだんと居眠りするようになっていった。

やがてガイドの説明の時間は、実質的な昼寝タイムとなっていった。ガイドの立ち位置からは参加者一人一人の表情も丸見えになる。当然、ケマルのほうもそのことははっきりと認識していた。彼はどんな気持ちだっただろうか。

そのような関係のところへ、さらに溝を広げる出来事が起きてしまう。３日目のことだった。

参加者のひとりが、２万円をトルコリラに両替*するよう、ガイドのケマルに頼んだ。

からツアー中ずっとトルコ人やインド人の日本語ガイドがついてくれて、添乗員としてはまことに頼もしかった。一方、ヨーロッパではおおむね観光地にだけ、日本人または現地の人のガイドがつくだけである。

一本調子のガイディング
国内のバスガイド、海外の日本語ガイドに限らず、しゃべりっぱなしというのは基本的に参加者の評判がよくない。話の合間に耳休みの時間を入れるなど、メリハリあるガイディングをしないとそっぽを向かれてしまう。

両替
海外ツアーでは、日本の円を現地通貨に両替しなければならない。ＥＵ諸するとケマルは、「そんなにリラは必要ないでしょう。いったい何に使うんですか？」という内容のことを言ったらしい。そう言われて、参加者は「何に使おうと俺の勝手だろ！」と怒って言い返したという。

おそらくケマルは親切心から言ったのだろう。ところが怒ったほうはそうは受け取らなかった。詮索されるような言い方にカチンときたらしい。

日本人同士でも、会話には微妙な綾がある。ましてや日本語がペラペラとはいえ、外国人と日本人のやりとりだ。ボタンのかけ違えがあってもおかしくはない。

この件をきっかけに、ケマルと参加者のあいだには剣悪なカベが立ちはだかってしまった。

全員が仲良しというのは、こうなると恐ろしい。

それまではバスにバラバラに座っていた人たちが、後方の席にまとまるようになる。そして、ケマルが話を始めるやいなや全員でわざとらしく眠り始めた。

悶着の前は、まだしも話を子守唄がわりに聞いていた。それが事件の後では、「お前の話は必要ない」というオーラを発して、見せつけるように眠るようになってしまったのだ。

国を旅するときは、日本国内でユーロに替えたほうがレート（交換比率）がよい。それに対してトルコでは、現地でトルコリラに替えたほうがレートがよい。

参加者は安くはない代金を支払って、満ち足りたひとときを得るため、トルコまで来ている。満たされぬ思いが、一人一人の胸の中に渦巻いていたことであろう。

私は両者の溝を埋めるべく、いろいろと努力してみた。よりこまめに参加者たちに話しかけ、様子をうかがってみたりしたが、いずれも反応は重いものだった。また、ケマルのほうにも、親睦をはかるため参加者とチャイ（紅茶）でも飲んだらと提案したりした。しかし、彼は自ら関係の修復をはかるようなタイプの男ではなかった。

感情のもつれは、簡単に元には戻らない。

ケマルはその後も手を抜くこともなく、バカ丁寧なガイディングを続けた。それは彼のプライドのようなものだったのか。だが参加者たちの無視は続いた。かくしてよりいっそう虚しさのつのるガイディングが続いていった。

こうなっては修復は困難だ。私はケマルと旅行客とのあいだで一触即発の事態だけは起こらないよう注意してすごした。私にできることはそのくらいであった。私にとってはいたたまれない7泊8日となった。

そして、トルコ最後の日を迎える。これでようやくこの旅も終わるといくぶんホッとしながら、帰国便に乗る空港への道中、私はいつものようにアンケート用紙を配った。

すると例の怒った参加者が、私にこう言った。

「アンケートというのはあなたの評価につながるの？」

私ははじめ何を言いたいのかがよくわからなかった。

「添乗員についての評価項目は、私の評価にもなりますが……」

「今回のツアーについて書きたいことが山ほどある。この場で書けるほど短いものではないので、手紙に書いて直接、会社へ郵送するよ」

さらに仲良し集団で話し合いがあったようで、なんと参加者全員が右へならえである。

そうしてアンケート用紙を1枚も回収できないという、異常事態となってしまった。自分のミスなどでアンケートの評価がボロボロだったことはある。しかし、アンケート用紙を1枚も回収できない*というのはこれが最初で最後のことだった。

アンケート用紙を1枚も回収できない
帰国後、旅行会社の担当と打ち合わせの際、「アンケート用紙ないけど、はたせるかな、アンケート（手紙）の内容がよほど激烈だったのであろう。ケマルは旅行会社から出入り禁止となってしまった。

ところが、どういうわけか私に対しては旅行会社から何のお咎めも注意もなかった。参加者たちが何か書き添えてくれたのかもしれないと推測するが、真相はわからない。

参加者同士が仲良くなるというのは、添乗員にとっても基本的にはいいことである。だが時と場合によっては、恐ろしい結果を招くこともあるのだ。

某月某日　パーフェクトゲーム：いかにして役者・芸者になるか

ここであらためてアンケートそのものについて、説明をしてみたい。

募集型の団体旅行では通常、参加者の満足度をチェックするために、旅行会社はアンケートを実施する。

ツアーの内容をはじめ、申し込みの際の電話応対、食事、宿泊施設、添乗員、

大丈夫だったの？」と心配された。旅行会社の中には、このアンケートの管理が厳重で、空港からすぐに宅配便で送らせるところもある。添乗員に改ざんなどさせないためであろう。

ドライバーなど、さまざまな項目が評価の対象となる。

旅行会社によって、評価の基準*に多少の違いはある。だがたいていは「満足」「ほぼ満足」「普通」「やや不満」「不満」の5段階評価である。

添乗員としては当然、ほかの項目はともかく、自分の評価が気になる。通信簿がいつも「不満」「やや不満」に片寄るようならば、仕事を干されてしまうからだ。

高評価を得る前提として、トラブルをできるだけ回避するように努力しなければならない。

たとえば大渋滞に巻きこまれて、昼食に2時間も遅れてしまう。イベントの見学の後、参加者に迷子が出て、バスの出発が遅れる。アクシデントによって、列車や飛行機に乗ることができない。

まずはそういうトラブルを、できる限り未然に防がなければならない。それでもトラブルは100%回避できるものではない。必ずしも添乗員の責任ではないケースも、しばしばある。

問題はトラブルを参加者がどのように捉えるかである。ツアー参加者たちが

評価の基準
旅行会社によって「不満」ではなく「残念」という表記のアンケート用紙もある。ところが、なぜかこの5段階評価に関しては、どの旅行会社も奇妙に一致している。

「仕方がない」「添乗員の責任ではない」と思ってくれれば、悪い審判は下されない。あるいは、「この添乗員なら許そう」と思ってもらってもいい。またトラブルを上手に処理することで、逆に高評価を得ることもある。

反対にトラブルは添乗員のせいだ、トラブルの対応がなっていないなどと思われてしまったら、評価はガタ落ちとなってしまう。

つまり、どれだけ参加者のほうを向いて仕事をしているかということが重要である。初心者マークのころは、とにかくスケジュールを円滑に回すことばかりに意識がかたむいていた。

今から思えば、スケジュールを相手にして、仕事をしていたわけである。参加者にツアーを楽しんでもらおうという余裕はほとんどなかった。

マサカリ投法で野球ファンを魅了した、元プロ野球選手の村田兆治氏*は、『哀愁のストレート』（青春出版社）という本を著している。その中に、「リーダーは、学者、医者、易者、役者、芸者の心を持たなければいけない」という一節がある。

英語では添乗員を「ツアー・リーダー」とも言う。まさに添乗員が心にとめなければならない金言である。

村田兆治
長年の野球ファンの私にとって、マサカリ投法の村田兆治と、トルネード投法の野茂英雄は、実力派個性的ピッチャーの双璧で憧れの存在でもある。引用した箇所は、村田氏もどこかからの引用とし初心者のころは、「学者、医者、易者」でいっぱいいっぱいであった。「役者、芸者」となると、そこそこ経験を積んだ、最近になってからのことである。だから以前にくらべると、アンケートの成績は良くなってきた。それでもアンケートというのは難しいものがある。

私のセールスポイントは、声が大きくて、よく通ることである。ほとんどの人にはほめられる。

ところが、声がうるさかったとケチをつける人もいる。また明らかに粗さがしやクレームを生きがいにする人もいて、参加者全員からパーフェクトな評価をされることはまずない。

そういう難関の通信簿で、40名の参加者全員から、「満足」と評価してもらったことが一度だけある。

それは坂東三十三ケ所の札所をめぐるツアーであった。先達*と呼ばれる僧侶が同行し、バスの車内で法話をしながら、3カ所の札所をめぐっていった。

つつがなく札所をめぐり終えたところで、僧侶は最後にこう話を締めくくった。

「みなさんが今日、無事に回ることができたのも、添乗員さんや運転手さんが陰

ている。したがって孫引きということになる。

先達
添乗員の世界と同様に、「先達」を派遣する会社がある。その派遣されてくる「先達」なる人が、この日は僧侶であったが、時に正体がいまひと

になって支えてくれたからです。それをお金を払っているのだから、当たり前だと思ってはいけません。感謝の気持ちを忘れずに生きてまいりましょう」

僧侶の話しぶりは簡潔にして情感がこもっていた。車内はしばらく水を打ったように静まりかえった。

戒めの言葉の余韻が冷めやらぬうちに、私は手早くアンケート用紙を配っていった。その結果が完璧な評価となった次第である。

いつの日か、実力でパーフェクトゲームを達成したいものだ。

見果てぬ夢はいまだに継続中である。

某月某日　**添乗員の探偵物語**：もっとも感動した修学旅行

初めてついた修学旅行の仕事は思い出深い。それは奈良の山奥から東京へ来た、中学校の修学旅行であった。

生徒は男子3名、女子2名の5名。引率する教師も5名。総勢で10人という、

つよくわからない人が来ることがある。とはいえ、「ふだんは何をされているのですか？」などと聞くわけにもいかない。いずれの人もそれらしい雰囲気はまとってはいる。

まことにこぢんまりとした修学旅行であった。

昼すぎに東京駅で一行と合流する。先生たちは毎年のように東京に来ているようで、落ち着きはらっていた。

対して生徒たちは、初めて足を踏みいれる大都会に、期待と不安が入りまじったような、昂(たか)ぶった表情を浮かべていた。

その日の午後は、修学旅行の定番中の定番ともいうべき、お台場のフジテレビ本社へ行った。テレビ局は地方の中学生や高校生にジャックされていた。

そのにぎわいの中で生徒のひとりに、「添乗員さんは毎日、芸能人と会っているの?」と尋ねられた。私がナマで目にした芸能人など、十数年前に遠巻きに見た松原智恵子くらいのものである。地方の中学生というのは、そういう考え方をするものかと驚いた。

その後、一行は宿泊先のホテルに入る。そして夕食の後、私は先生たちと翌日の打ち合わせをした。

翌日の予定は、生徒たちだけで渋谷や原宿を回る、自主行動*の日であった。その日のために彼らは、ガイドブックやインターネットなどで調べて、自分たちで

自主行動
修学旅行中の自主行動とは別に、最初から自主的

綿密なスケジュールを立てているそうだ。

山奥の田舎育ちの生徒たちに、東京を教材にして自立性を養ってもらう。そのために自主行動の日が設けてあると担当の先生が語った。

そこで私に割りふられた役目は、自主性を重んじ、あえて生徒たちとは一緒に行動せず、少し離れたところから見守っていて、万一何かトラブルなどがあった際に限って、生徒たちのところへ駆けつけてもらいたいとのことであった。通常の添乗業務とは異なる、異色のリクエストであった。探偵の真似事のような依頼に、私は戸惑った。

翌朝、指示されたとおりに、私はホテル*からこっそりと生徒たちに気づかれぬよう後をつけていった。怪し気な行動を取る私のことを、果たして生徒たちは知らされているのだろうか。

生徒たちは地下鉄に乗るために、階段を降りていった。私も、人ごみにまぎれて、彼らを見失わないように、よけいなことは考えず尾行業務に集中することにした。

意外なことに、地下鉄を降りて地上へ出た生徒たちは、未知の大都会に臆する

な行動を前提としたツアーもある。早朝に地方都市を出発して、夜中に戻ってくる「ディズニーランド日帰りツアー」がそれである。ディズニーランドに到着してからツアー参加者はすべて自由行動となる。この際、添乗員はディズニーランドに入園することはほとんどない。添乗員にも入園料がかかるからだ。その間、添乗員は思い思いに時間をつぶすことになる。

ホテル
池袋のプリンスホテルだった。生徒が泊まった部屋はわからないが、校長は見晴らしのすばらしい高層階に泊まっていた。

こともなく、歩き回っていった。生徒同士で話し合う、いきいきとした表情が印象的であった。情報の渦の中で育った彼らはそれらを上手に活用しながら行動していた。

それでも一度だけ、あわやという場面があった。原宿の竹下通りを歩いていた彼らに大柄な黒人がしつこく言い寄ってきた。

どうやら何かを売りつけようとしているらしい。いよいよ私の出番か、と心臓が早鐘(はやがね)を打った。ところが、生徒たちは戸惑いながらも、黒人を振り切って行ってしまった。

ほかにも外国人が数人いて、道行く若者に次から次へと声をかけていた。私はターゲットの基準外らしく、まったくもって無視された。

外国人から逃れた生徒たちは、その後も繁華な通りから通りへとめぐった。自分の中学生のときには考えられない、たくましい行動力である。

そうして生徒たちは自主行動のスケジュールを余すところなく消化して、ホテルへ戻った。彼ら一行がみなひと回り大きく成長したように見えた。

彼らに遅れること数分、私もホテルへ帰った。担当の先生に、彼らの一日の行動を報告して、探偵業務はお役ごめんとなった。得がたい経験をさせてもらった。

最終日は国会を見学し、それから奈良へ帰る予定であった。国会では、地元選出の議員が一行を出迎えた。議員センセーはこれ以上はないという笑みをたたえて、一人一人と力強く、握手をしていった。

最後に私の番となった。「私は付き添いの添乗員で、こちらの人間です」と伝えるやいなや、笑顔と右手が瞬時に消えた。神業であった。

東京駅で帰りの新幹線に乗る前、生徒代表が私に、恥ずかしそうに感謝の言葉を述べてくれた。おまけにプレゼントのカツサンドまでもらってしまった。

その後、数えきれないくらい修学旅行の仕事をこなした。けれども、生徒に感謝の言葉を述べられ、プレゼントをもらったのは、このときだけである。

思いもかけない展開に、私まで年がいもなくうれしく、そして恥ずかしくなり、目頭が熱くなって困ってしまった。

添乗員の仕事は一期一会であるから素晴らしい。そのことを実感した、10の瞳との出会いと別れであった。

某月某日 **眠っていた才能**：車内販売でもうひとりの自分に出会う

料金の安いツアーでは、車内販売と称して、バス内でさまざまな品物を販売することがある。売られるのは、土産物業者から委託された品々である。

もちろん売るのは添乗員。商品の写真を参加者に見てもらって、販売をつのる（試食ありのときもある）。実際に土産物店で買うよりも、少し割引して販売していることがミソである。安さにつられて、それなりに購入者がいる。

なかには買いものこそわが命という人もいて、大量に買うケースもある。

業者が旅行会社に手数料を支払う〝ウインウイン〟の関係[*]で、車内販売は成立している。旅行会社は赤字スレスレの料金の安いツアーでは、業者からのこうしたキックバックで収益を補っているというわけだ。

売れても、添乗員は一文のトクにもならない（旅行会社によっては、車内販売手当てを出すこともある）。それどころか売れれば売れるだけ、仲介する添乗員

〝ウインウイン〟の関係
車内で添乗員が販売業務をするため、土産物業者は手をわずらわすことなく自社の売上げとできる。そのかわりに土産物業者は旅行会社に手数料を支払う。一方、薄利多売の旅行会社にとって、キッ

には、余計な仕事が増えてしまう。だからほとんどの添乗員は熱心に売ることはない。

ところが、そういう人情の機微がわかっている業者もいる。そういう業者は、売上げに応じて、商品や商品券を添乗員に配る。一例をあげると、１万円分の売上げにつき、添乗員に５００円のクオカードをくれる業者があった。

そうなると、話は別だ。添乗員も人の子。セールストークが、がぜん熱を帯びてくる。

私がある旅行会社で、ツアーの精算をしていたときのこと。精算書*を仕上げているところをたまたま同じツアーを担当した別の添乗員が目にした。

車内販売の額を目にした彼女は、「そんなにたくさん売ったんですか！」と目を丸くした。

同じように驚かれることを何度も経験した。数字というのは客観的な物差しである。どうやら私には車内販売の才能があるらしい。

大手の旅行会社はツアーが閑散期となる冬を中心に、海外旅行の相談会*を開く。

クバックは売上げの補填となる。土産物業者、旅行会社の双方にとっておいしい話なのである。

精算書
添乗員はツアー前に、旅行会社からツアーに必要な準備金を預かる。ツアーが終わると、ツアー中に支払った金額（美術館の入館料や食事代）を精算書に記入して、残金とともに会社に提出する。ツアー後にこの精算までを済ませてようやく業務が終わることになる。

海外旅行の相談会
旅行会社のツアーセール

添乗員はこうした場所にも派遣される。時給はツアー添乗とほとんど変わらない。

会場に来てくれたお客さんに商品の案内をするだけなので、ツアー添乗にくらべると肉体的にはラクな仕事である。

会場では、ツアーの内容をコンパクトにまとめたＤＶＤを流したり、担当者が旅行商品の説明をしたりする。添乗員の仕事はマンツーマン対応で、来場者に旅行商品を売りこむことであった。その際には相談や質問に受け答えする。

じつは初めてその仕事についたとき、私は海外ツアーの添乗が未経験であった。はたして自分に来場者との受け答えが無事につとまるだろうかとドキドキした。まわりを見渡せば、いかにも海外でバリバリと仕事をしているような空気をまとった人ばかり。私は気おくれして、不安は増すばかりであった。

何ごとにも、最初の一歩はある。初めて添乗業務についた日も緊張のしっぱなしで、何が何だかわからないうちに1日が終わっていた。この相談会の日も同じであった。さぞやオドオドした態度で受け答えをしていたことであろう。

それでもラッキーなことに、たまたまついた中年の夫婦が何の相談や質問をす

のイベント。本格的な旅行シーズンを前にした冬の期間は、各旅行会社にとって海外ツアー商品をアピールする絶好の機会なのである。そのためタレントを動員するなどして、大々的に宣伝している会社もある。来場者には、土産物が出される。ツアーを申し込む気はないのに、それを目当てに来る常連もいる。

ることもなく、向こうから進んでツアーの申し込みをしてくれた。

その日に契約を1本も取ることのできなかった添乗員はたくさんいたから、初仕事としては上出来である。

やがて回数を重ねるうちに、私はコツをつかんでいった。ＤＶＤの上映中や、社員が説明しているときに、真剣な顔をしてメモを取っている来場者がいる。そういう人に声をかけると成約にいたる確率が高い。

獲物を狙うハゲタカのような目をして、私は成約率*を上げていった。

当然、成約率が上がれば、相談会の仕事はどんどん回ってくるようになる。ちょうど、仕事の少ないシーズンオフの冬場だったので、この仕事はおいしかった*。身体的にもラクな上、ツアーの添乗業務と異なり、準備も精算業務も必要ないのだ。慣れてしまえば、とにかく割のいい仕事なのだ。

一般的に人間は、自分の才能のほんの数％しか活用できていないそうだ。そして、ほとんどの人が潜在能力を埋もれさせたまま、死んでしまうという。

添乗員になる以前、私は物を売る仕事についたことがなかった。また物を売る機会もなかった。

成約率
相談会でツアーをどんどん契約できれば、当然ながら評価は上がる。逆にいつもいつも契約を取れずにいると、お呼びがかからなくなってしまう。添乗員の仕事は数字でははかれない面がある。しかしこの仕事は数字がすべてを物語る。ある意味において、数字がすべてのシビアな世界である。

この仕事はおいしかった
仕事が少ないときだっただけに収入的に助かった。働く時間が9時から16時ごろまでと、添乗員と比べると極端に短い。もちろん、成約率が伴わないと厳しい現実が待っているというのは添乗業務と変わらない。

だから、自分に多少なりともそういう才能があるとわかったのは、添乗員になってからのことである。もしこの仕事についていなかったら、眠っていた才能と出合うこともなかったであろう。

某月某日 コペルニクス的転回：なぜ派遣添乗員になったのか？

私は小さいころから映画が好きであった。小学生のころはテレビで映画が放送されると食い入るように観ていた。

何よりも好きだったのが時代劇。当時のテレビでは、嵐寛寿郎（あらしかんじゅうろう）*主演の活劇がよく流れていた。また新東宝*のエロティックな作品にも心がときめいた。われながらヒネた子どもであった。

中学生になるといっぱしにひとりで映画館に行くようになり、高校生ともなると足しげく通うようになった。大学生になると、もう入り浸り状態。映画は私の青春そのものであった。

嵐寛寿郎
戦前・戦後にわたって活躍した時代劇の大スター。当たり役は「鞍馬天狗」と「むっつり右門」で、テレビでよく観たものだった。私が銀幕上でリアルタイムで接したころは晩年期で、各映画会社の作品に脇役で出演していた。なかでも『網走番大学へはほとんど通わず、代わりに映画の制作技術を教える学校で授業を受けるようになった。私は映画業界に就職することを夢見るようになっていた。

１９７０年代半ば、大手の映画会社は赤字がふくらみ、新卒社員の募集は停止状態だった。映画制作の現場で働くスタッフはほとんどがフリー集団であった。

現場へもぐりこむのは人のツテが頼りで、学校で映画人とつながりを持った私はようやく23歳のとき、長年の夢であった映画制作の現場に立つことができた。

使い走りのような仕事で無給であった。だが夢を追いかけている青年にとって、カネは二の次、三の次のことであった。

現場には私のような、映画人として羽ばたこうという若者や役者の卵が大勢いて、中年の映画スタッフとともに働いた。徹夜仕事はザラで、セットの片隅で2時間ほど仮眠して、朝から撮影所内を駆けずり回った。毎日が祭りのようであった。

数年が経ち、20代半ばに差しかかると、だんだんと残酷な現実を認識せざるを得なくなってきた。

私の夢は映画監督であった。現場で接した映画監督はひとくせもふたくせもあ

外地』シリーズの囚人役はさすがの貫禄であった。

新東宝
終戦直後、東宝撮影所は労働争議が激しく、映画の撮影どころではなくなる。そのため多くのスターたちは撮影所を離れ、新しい活躍の場を求めた。そうして誕生したのが東宝第二撮影所。それを母体にして、映画会社の新東宝が創業した。当初は文芸作品などの意欲的な作品も目立ったが、次第に資金難におちいり、エログロ路線の作品が主流となる。昭和36年に倒産。

る30人ほどのスタッフ集団を束ねる棟梁であった。

自分のことはよくわかっている。私はその器ではなかった。むくつけき男たちを統率する器量など私のどこを探してもなかった。私は現場を去ることにした。

それでも映画の仕事にたずさわりたいという夢を、断ち切ることはできなかった。私はシナリオライターになろうと決心した。そうして今度はシナリオライターの学校*の門を叩いた。

生活のためにあらゆるアルバイトをした。夢見る若者によくある話である。彼女ができて、やがて子どもが生まれる。私は家族のために働かざるを得なくなった。

30歳近くになった私は、東京に本部がある、千葉県松戸市の学習塾*へ就職した。塾の講師ならば、学生時代に経験もあり、生活能力のない私にでもなんとかなるだろうと思ったからだ。初めての正社員である。その学習塾で私は講師兼マネージャーとして、数名の学生バイトを管理しながら、自らも教壇に立った。

そして私は妻と2人の子どもを養うために、働き続けた。青春の夢は霧散し、いつしか私は子どもの成長に目を細めるマイホームパパとなっていた。

シナリオライターの学校
私の通った学校は実践を重視していた。そのため生徒は毎週ごとの授業に、原稿用紙10枚ほどのシナリオを書いていかねばならなかった。そして授業のときに、自分の創作したシナリオを読み上げ、他の生徒たちが感想を述べ合うという形式であった。20代の夢多く、しかし努力せずの私には毎週1本のシナリオのノルマがただただつらかった。

学習塾
私の勤務していたのはいわゆる進学塾ではなかった。進学塾と補習塾の中間といったところ。一つ塾業界は特殊な世界で、生徒たちに教える力量と指導力があれば、細かいことは言われなかった。それが性(しょう)に合ったのであろう、私はどっぷりとその世界に根を下ろした。

折から世はバブル景気で沸き立っていた。私もそのおこぼれにあずかり、同世代並みの収入を得るようになった。金銭面においては、私の66年の人生において、もっとも豊かな時期だったかもしれない。おかげで家族とともに平和な日々をすごしていった。

だが、心の奥には、満たされない思いがくすぶっていた。

40歳のある日、私は旅行ライターを養成する学校が開校するという新聞記事を目にした。眠っていた虫がモゾモゾと動き出した。私は週に一度、その学校で講義を受けることになった。

ライターとしての基礎を学び、業界に足を踏み入れた。収入のメインは塾で稼ぎ、副業として文筆活動をした。中年にさしかかった私は、二足の草鞋(わらじ)を履いて、休みなしに働いた。

副業で始めた文筆業であったが、次第次第にのめりこんでいった。旅行ライ

の教室の生徒数は、50人から100人程度で、社員がひとりだけ配置されていた。

ターを皮切りに、いろいろなジャンルの記事をものした。日本各地を飛び回って、さまざまな人の話を聞いて記事にまとめる仕事*は、じつにやりがいがあった。

時には寝食を忘れて没頭した。そうして徐々にライター稼業に軸足を移していった。

やがて2人の娘が学校を卒業し、お金がかからなくなり、生活費もそれほど稼ぐ必要もなくなると、私は思い切って塾の世界から身を引いた。そしてライター一本で生きていくことにした。50歳のことだ。

けれどもライターというのはまったくの自由業で、仕事の波が激しい。ましてや人間関係が得意ではない私は、編集者にお世辞を言って仕事を取るタイプではない。業界全体の仕事量が減ったこともあり、回ってくる仕事は少なくなった。

そのような折に知り合いから、アルバイトで添乗員をやってみないかと誘われた。そのときまで、添乗員という仕事に対する知識も興味も関心もまったくなかった。

仕事の内容を聞いてみると、興味深いものがあった。と同時に、年齢的にもほかに職業的な選択肢はほとんど残されていなかった。私は軽い気持ちで添乗員の

記事にまとめる仕事　フリーライターとして活動していた当時、私はある月刊誌のインタビュー記事を執筆する連載を持っていた。いろいろな人に話を聞くのは、目からウロコの世界で、楽しく仕事をしていた。けれども出版不況とバブル崩壊が重なり、その月刊誌は廃刊。ほかの雑誌も次々に廃刊になっていった。ライターとしては生きづらい季節を迎えた。

世界に足を踏み入れた。

いざ始めてみると、これがまた私に向いたところのある仕事であった。ツアーの参加者を前にして、マイク片手に旅の案内をすることなど、塾の仕事に通じるものがあった。

何より新鮮だったのは、人に喜びを提供するサービス業ということであった。ツアーが終わり、参加者が帰りぎわに「今日は楽しかったよ」と声をかけてくれると、ヘトヘトの疲れも吹き飛んだ。

そのような満足感は、私のそれまでの人生において、この仕事について初めて味わうものであった。人の喜ぶ顔を見て、自分もまたうれしい心持ちとなる。50歳をすぎてから経験した、人生の新しい地平であった。

そうして私は添乗員の仕事を本格的にやり始めた。もちろん第一義的には食うためであった。

月に数回だけの勤務からスタートし、勤務を増やしていった。日帰りの添乗で1万円ほどの収入になる。細々と続けていたライター業にこの収入が加わったのは大きかった。

添乗員として働き始めてしばらくして妻が私にこう言った。

「前よりもずいぶんと穏やかになったわね」

妻に言わせれば、塾の講師やフリーのライターをしていた時分の私は、常にカリカリしていたそうだ。料理の出し方が悪い、見ているテレビの前を横切ったなど、すぐに怒鳴り声をあげたという。私にはまったく自覚がなかった。

スーパーマーケットに勤務している知人から、こんな話を聞いたことがある。スーパーという組織にもさまざまな部署がある。その中で一番イヤな奴が多いのが、仕入れ部*だという。

仕入れ部は、ペコペコ頭を下げる納入業者を相手にする仕事である。だからそこへ長くいると、勘違いして、鼻持ちならない輩になってしまう人が少なくないとのことだった。

思えば私は50歳をすぎるまで、人に頭を下げる*という経験もせず、世を渡ってきた。特に塾に勤務していた時代には、生徒たちには威張りちらし、親たちからも頭を下げられる立場にいた。私もまた、勘違いの人種のひとりだったのである。

その私が添乗員という究極のサービス業を経験することによって、180度異

仕入れ部
スーパーマーケットが販売する商品をメーカーから仕入れる部署。メーカー側からすれば、仕入れ部の社員はお客様に当たる。つまり、毎日の仕事の中でお客様として扱われるという特異な部署である。

人に頭を下げる
映画の仕事をはじめ、シナリオライターの卵時代、学習塾、フリーライターと、一貫して客商売とは

なる立場から、人間や人生を見直す機会を得た。私にとってこれはまさにコペルニクス的な変化であった。

無縁であった。学習塾はサービス業といえばサービス業の範疇に入るが、「先生」稼業ゆえ頭を下げるようなことはほとんどなかった。

第2章

ハズレの仕事、ときどきアタリの仕事

某月某日　**難民キャンプ**：パニックと化した「浜焼き食べ放題ツアー」

ある旅行会社が主催した日帰りバスツアーで、とんでもない出来事が起きてしまった。私は運悪く、その仕事についていた。

その旅行会社と千葉県の土産物店がタッグを組んで、1日限定の浜焼き食べ放題なるイベントを大々的に開催した。

募集のチラシには、アワビやホタテなどの貝の網焼きや、海の幸の具がたっぷり入った焼きソバなど、食欲をかき立てる写真がのっていた。

旅行会社は関東一円から参加者をつのった。魅力あふれる企画だったとみえ、たくさんの人が申し込んだ。

かくしてツアーの当日、満員にふくれあがったバスが、続々と浜焼き会場に集まってきた。

これだけの集客を果たし、企画としては大成功である。そこまでは旅行会社な

らびに土産物店側としては、万々歳であった。

大人数をさばくべく、イベントは1時間ごとのシフト制*が敷かれていた。午前11時から正午、正午から午後1時、午後1時から2時の3交代制で、浜焼き会場での食事をとることになっていた。受け入れる側はこのシフト制によって、イベントがスムーズに運営できると思っていた。

私のバスは、正午からのシフトであった。正午ぴったりに到着するようスケジュールの時間配分を調整するなどして、万全を期して会場へ向かった。

ところが定刻どおりに着いてみれば、会場はすでに人ではち切れんばかりのパンパン状態であった。駐車場に入っていくバスの車中でその風景を目にして、私は「これは困ったことになるかもしれない」という嫌な予感に襲われていた。

貝の網焼きや焼きソバなどのブースはいずこも大行列。そこへ次から次へとバスが到着し、そのたびごとに人が押し出されてくるのだ。

私もツアー参加者たちを会場に案内するのだが、だれもが会場の様子を見て、困惑の表情を浮かべている。

食事を待つ参加者の列は延びる一方で、会場のどこもかしこも浜焼きを待つ人

シフト制
参加者の多いツアーでは、昼食に2交代制のシフトがよく敷かれる。しかしこの場合のように3交代制というのは無理があったと思う。もともとが綱わたりシフトの上に、人を集めすぎたというミスも重なった。

たちのイライラ感がふくれあがっている。

会場の様子を見ていると、スタッフが料理を作っても作っても、どうにも食べる側に追いつかないという状態であった。単純に調理する能力以上に、食べる側のスピードが速いのだ。料理が出てこないから、参加者はそれを待つ。そのうちに新しい参加者が来て、追加の列を作る。列は延びる一方だった。

要するに主催者が、参加者の食欲と胃袋を甘く見ていたと言わざるを得ない。このようにグチャグチャになってしまっては、もうシフトも何もあったものではない。

私が担当した参加者の反応は、だいたい3つに分かれた。

まずは難民キャンプのような状況にもかかわらず列に突撃し、意地でも待ってめげずに食べ切ったたくましい人たち。

次は、このような状況で食事をさせるとは何ごとかと怒りをあらわにした人たち。このグループはまったく何も食べなかった。

そして最後は、あきらめの境地で早々に会場をあとにした人たち。近くのレストランで食事をしたり、コンビニで食べものを買ったりしていた。

惨状を目の当たりにして、私は旅行会社の担当者*にすぐに連絡を入れた。すでに私以外からも現場からの報告が相次いでいたのだろう、担当者はうろたえていた。

ことの重大さに、対策はすぐに練られ、ほどなく折り返しの連絡が入った。参加者全員にツアー代金の半額を返す*とのことであった。私は次の目的地に向かうバスの中で、恐る恐る参加者にその旨を伝えた。

それに対して参加者の反応は、やはり３つに分かれた。

たくましい行動をとった人たちは、食べるものを食べた上に、お金まで戻ってくるとあって大喜びであった。

怒りを爆発させた人たちは、またもや噴火した。このイヤな思いは、金なんかで解決できる問題ではないと、憤怒（ふんぬ）の形相を作った。なかには「もう二度とお前の会社のツアーには参加しない」と息まいた人もいた。私としてはもちろん平謝りするしかない。

そして、あきらめの境地の人たちはもはや何も言うことはなしと、冷ややかな反応を示した。じつはこの無表情の人たちの視線が、私には一番こたえた。

旅行会社の担当者
このツアーの企画の立案者でもある。企画を練った担当者は、ツアーのスケジュールを組み、バス会社、食事処、土産物店などの手配をすべて行なう。このツアーの責任者でもある。

ツアー代金の半額を返す
これは旅行会社が、自分たちのミスを認めたということ。めったにない出来事である。なお私が聞いたこれまでの最大のトラブルは、ある若手演歌歌手のコンサート中での出来事である。コンサートが終わらないうちに、添乗員が参加者に集合をかけ、バスで帰ってしまったという。旅行会社はクレームの嵐に見舞われた。結果、会社の幹部が参加者の家を一軒一軒回り謝罪。ツアー代金を全額返金した上で、その歌手の別会場でのコンそれでも私はまだ恵まれていたらしい。同じツアーに参加した知り合いのドライバーに「あのとき、大丈夫だった?」と心配された。

聞けばそのドライバーのバスに乗った添乗員は、ツアーの終了まで延々と参加者たちに吊るしあげを食っていたということだ。

添乗員は旅行会社が販売したツアーの最前線にいる人間だ。このようなパニック状態と化したツアーでは、参加者の怒りをもろに浴びる立場*にある。時には人柱（ひとばしら）となることもあるのだ。

企画としては、集客までは成功であった。しかし運営面では、大失敗のツアーであった。料金の半額を返金したわけで、旅行会社にとっても結果的に大赤字になったであろう。

それ以上に信用がガタ落ちとなったことは、会社としては痛恨の極みのはず。多くの顧客を失ってしまった。

それでもその会社は、いまだにその手のイベントツアーを実施している。

いったいどのように改善したのか、また添乗してみたい気もする。

サートのチケットを配ったという。なぜそのようなあり得ないトラブルが起きたのか、詳しいことは知らない。

参加者の怒りを浴びる立場
添乗員はツアーという最前線に立つ、旅行会社側の唯一の人間である。トラブルが発生した場合、ツアー参加者の怒りをストレートに浴びるのは当然なのだ。

某月某日　**オロオロ**：クレームを回避するためのテクニック

添乗員となってまもないころ、添乗したツアーの仕事で大クレームになったことがある。

そのツアーは、千葉県の養老の滝で紅葉を愛でて、その後イルミネーションを鑑賞するというものであった。すなわち紅葉とイルミネーションという二本柱を売りに集客したツアーである。

ツアーの開始早々、参加者がはしゃぎながら、「何日か前、たまたまテレビを観ていたら、養老の滝が映されていて、紅葉がすごくきれいだったの。今回のツアーの目的地だったから、すごい楽しみにしていたのよ！」と教えてくれた。

経験の浅い私は何も考えず、「ええ、楽しみですねえ」などと答えていた。

ところが、テレビの影響力のすさまじさのためか、フタを開けてみれば、養老の滝へ至る山中の道は、車、車、車で数珠つなぎとなっていた。

車で埋めつくされた山中の一本道へ入ってしまったバスは、もはや進むことも引き返すこともできず、ただただ遅々とした歩みに身をまかせるほかなかった。ここでも私は、「混んでいるのだから、仕方ないなあ」程度に考えていた。

初冬のツアーであった。1年でもっとも昼間の短い季節である。バスが養老の滝へ着いたときには、すでに陽(ひ)はとっぷりと暮れていた。あたりは薄暗くなっており、そうなるともう今が盛りの紅葉も何もあったものではなかった。残念そうなツアー参加者たちとともにしばし養老の滝近辺に滞在した。

この時点で当初の予定はかなり狂い始めていた。バスは次なる目的地・イルミネーション会場*へ向かった。

ところが、目的地に近づくにつれ、ここでも交通量がにわかに多くなってきた。そして、またもや大渋滞の列につかまってしまった。

会場の駐車場がすでに満杯になっているため、その順番待ちの車が連なり、バスがまったく動かないのである。ほんの少し動いては止まり、ほんの少し動いては止まり、を繰り返す。もはや降車して歩きだしたほうがどれだけ早いだろうか。駐車場に着くには数時間もかかりそうである。あきらめざるを得なかった。

イルミネーション会場
このとき向かった施設は、山里に位置するテーマパークであった。施設が冬の集客対策として、夜にイルミネーションを始め、大成功を収めていた。もともとはゴルフ場であった施設だったため、ここも野山の一本道だったことが渋滞の原因となった。

結局、2つの目玉企画が、そろいもそろってダメになってしまうという最悪の結果になってしまったのだ。

さすがに経験の浅い私でもここに至って、マズイことになったと確信できた。

(こういうときは、いったいどうしたらいいのだろうか……)

気持ちはわけもなく焦り、動悸が速くなり、冷や汗が噴き出てきた。しかし、オロオロするばかりである。

案の定、帰りのバスの車内で参加者の怒りが爆発した。

「これじゃ、なんのために金を払ったのかわからないぞ!」

「1カ所目を早く切り上げるとか、もっとうまく対処できなかったのかよ!」

数人の参加者が口々に私に怒りをぶつけた。どれもこれももっともな抗議である。なかには「添乗員さんの責任じゃないよ」と私をかばってくれる人もいた。

私はオロオロしながらもひたすら謝った。

後日、旅行会社にクレームが殺到した。そもそもの旅行会社の企画、ならびに私の対処の仕方がまずいということで大問題となった。

数日後、旅行会社でクレームに対する話し合い*が行なわれた。そのときに同席

クレームに対する話し合い　精算などで支社を訪れた際に担当者に呼ばれ、そ

していた旅行会社のベテラン担当者に言われた言葉が今も私の記憶に残っている。

「今回のことはもちろんあなたのせいではない。けれども、今回のようなことが起こったときに、ツアー参加者の方々に『これは仕方がない。添乗員のせいではない』と思わせるようにしなければ、この世界では生きていけないよ」

そう言われてみると、私は渋滞で雰囲気が悪くなっていくバス内でも、ただ漫然として何のリアクションも起こすことはなかった。

以来、私は担当者のアドバイスを肝に銘じて、クレームにならないような身の処し方をするよう心がけていった。

渋滞にハマってしまいそうになれば、早めに状況を把握し、ツアー参加者に説明し、詫びた。旅行会社の担当者にもすぐに連絡を入れ、状況次第で旅程を変更して、トラブルで参加者に及ぶ被害が最小限にとどまるように心がけた。

ツアーというのは、トラブルの連続である。渋滞をはじめ、イチゴ狩りのイチゴがまずい、滝が涸(か)れている、桜がまったく咲いていない等々……トラブルの種はつきない。

いずれも自分のせいではない。とはいえ、自分のせいではない、などと思って

の場で話し合いになることがある。クレームの内容次第で、所長や次長クラスから「話がある」と個室に呼ばれることもある。場合によって本社に呼び出されるというケースもあるという。幸い、私にはその経験はない。

いても仕方ないのだ。参加者はツアー内容を楽しみにしている。その気持ちをどう受け止め、どう応えるかが大切になってくるのだ。

数々のクレーム対応で身につけた３つの法則がある。

１つ目は、トラブルに際しては、落ち着いた態度を取ること。

２つ目は、自分のせいではなくても、参加者の不満を受け止め、頭を下げ、謝ること。

３つ目は、起こった出来事に対して迅速に対処すること。

当たり前だと笑われるかもしれないが、駆け出しの私はこの３つともできなかった。そして、こうした心がけによって、以降大きなクレームをもらうことは格段に減った。

某月某日　**人間音痴**：妻孝行のつもりが、ヒモ生活に

冬は添乗員にとって、もっとも暇な季節である。冬になるとほとんど仕事がな

く、収入は限りなく低くなってしまう。次ページのカレンダーをご覧いただきたい。第1章に掲載した繁忙期のものとくらべてスケジュールがスカスカなのが一目瞭然である。1カ月に19日も休みがあった。

仕事がないことを嘆いてもどうにもなるものではない。それで妻と、旅行に出かけることにした。

私は若い時分から、金銭的に安定した職業ならびに生活ということには、執着していなかった(けっして負け惜しみではない)。一時期をのぞき、66歳になる今日まで一貫して貧乏な生活をしている。が、それで自分を不幸などとは決して思っていない。

たとえば仕事のないオフの日には、クラシック音楽のCDを聴き、読書をしていれば満足なのだ。あれが欲しい、これが欲しいという物欲はほとんどない。食べものに関してもこだわりがない。肉は全般的に好きではなく、魚にしても、食べたいというものがない。要するに生活全般が安あがりにできている。

ついでにいえば、人を相手にする添乗員という仕事をしているものの、私は人間音痴*、つまり人づきあいが苦手なのだ。友だちも少ない。日常的に人とのつき

人間音痴
添乗員のときの私は「添乗員」という役になり

閑散期

2014年1月

SUN	MON	TUE	WED	THU	FRI	SAT
			1	2 成田山初詣ツアー	3	4
5	6 精算 （支社に出社）	7	8	9	10 準備 （支社に出社）	11 伊勢神宮ツアー
12 1泊2日	13	14 精算 （支社に出社）	15	16	17 準備 （支社に出社）	18
19 栃木ミステリーツアー	20 精算 （支社に出社）	21	22	23	24 準備 （支社に出社）	25 群馬イルミネーションツアー
26	27 精算 （支社に出社）	28	29	30	31	

あいは、小説、映画、音楽など、人間が創った二次作品を通じてであり、友情などというものにはまったくもって無縁だ。

出版界では昨今、孤独をテーマにした作品が静かなブームを呼んでいるという。私に言わせれば、孤独な人間というのは、努力してそうなるのではなく、そもそも性格的に孤立せざるを得ないのだ。

そんな私だが、奇跡的にも生涯のパートナーとめぐりあっている。妻もまた私に似たところがある。今になって思い返せば、20代の若かりしころ、私も妻も互いに孤独の影を引きずったところに惹かれあったのかもしれない。

とはいえ、日頃、仕事にかまけて孝行などしたことがない。添乗員になってからも同様だ。せめてもの罪ほろぼしとばかり、妻孝行をすることにした。

妻が行きたがったのは、奈良と伊勢めぐりであった。伊勢神宮に行くついでに、近くの赤目四十八瀧*で滝見物としゃれこむことにした。

ところが、滝見物の途中、滝壺へと向かう階段が凍結していて、滑ってしまった。階段から転がり落ちた私は足首を痛めてしまう。その場で応急措置をしてもらい、旅行を続けた。

きって、にこやかな顔で話をしたりして、仕事をこなしている。いわば「添乗員」役を演じている。けれどもそれはあくまで仕事上の顔であり、こと私生活となると人づきあいは大の苦手だ。

赤目四十八瀧
奈良県にある滝。車谷長吉の直木賞受賞作『赤目四十八瀧心中未遂』の舞台になっている。妻が車谷長吉ファンで、ぜひ行きたいということで訪れ続いての目的地・伊勢神宮まで車を運転するうち、痛みが増してきて耐えられなくなった。妻だけを伊勢神宮に送り、ひとりで病院へ向かうと、なんと足首に3箇所の骨折が判明する。久しぶりの夫婦旅行だというのにとんでもないことになってしまった。

旅館でそのことを妻に報告すると、いつもは冷静な妻も「そうだったの⁉」と驚いていた。

その間、仕事などできるはずもなく、わが家は妻のパート収入だけとなってしまった。妻孝行のはずが、結果としてヒモ生活となってしまったのだ。われながら情けない。

ギプスをつけ、松葉杖の生活が1カ月も続いた。ギプスが取れた後も、骨と筋肉が固まってしまい、しばらくリハビリにはげむ毎日をすごした。

ふつうに働いていられることがどんなにありがたいことかを身をもって体験した貴重なヒモ生活であった。

た。なお、女優の寺島しのぶも同作品に感銘を受け、映画化される際に、心中未遂役を自ら売り込んだという。

某月某日 **割れんばかりの拍手**：アンケートで高評価を得る方法

ユーウツなリハビリ生活をすごしているとき、トルコツアーの仕事を打診された。７泊８日のツアーなので、10万円弱の収入になる。

打診された段階で実際にトルコへ行くのは１カ月も先のこと。ぼちぼち歩くこともできたので*引き受けることにした。

リハビリを続けているうちに、あっというまに仕事の日が来てしまった。トルコへは何回も行っているので、仕事そのものに不安はない。

問題は他ならぬ、自分の足である。だいぶ回復してきたとはいえ、歩くときにまだ多少の痛みがある。不安を抱えながら、成田空港へ向かった。

こういうときにはえてしてトラブルがつきもの。機材の故障で飛行機が２時間遅れで出発となった。そのため現地への到着も２時間ずれ込んでしまった。

到着したイスタンブールの空港からは、国内線に乗り換え、カイセリという都

ぼちぼち歩くこともできた
松葉杖がとれて、ようやく歩くことが可能になったころのこと。毎日ブラブラしていて暇だったので、1日1本のペースでDVDで映画を観た。そのためDVDのレンタル店へ、よく通った。健常ならば歩いて10分のところを、30分かかった。足腰の弱った人が、横断歩道の信号が変わって渡ろうとするも渡りきれずという話を聞く。このとき

市へ移動する予定であった。到着した際には、出発時間はとうにすぎている。ところが、客室乗務員に聞くと「ノープロブレム」と言う。同じ航空会社の乗り継ぎ*なので、どうにかしてくれるらしい。

われわれのツアーの一行は、入国手続きを速くしてもらうなどの便宜をはかってもらった。とはいえ、次の便の時間はとうにすぎている。ツアー一行は、国際線から国内線へ、小走りで移動した。

本当はダッシュといきたいところである。けれども足が許してくれない。歩いても痛みのある状態での小走りは、涙の出るほどの激痛を呼んだ。やっとのことでなんとか目的の飛行機に乗ることができた。

最初にそのようなトラブルに見舞われたものの、ツアーは順調に、トルコの国内を周遊していった。私の足も以降は悲鳴をあげることもなかった。

そうして迎えた最終日。海外ツアーの場合、添乗員はマイクを使うことのできる現地のバス車内で締めのあいさつをすることになっている。

マイクを握った私は、足を骨折し、仕事のできなかったこの数カ月間のことがの私がまさにその状態だった。

同じ航空会社の乗り継ぎ　航空会社が同じだったので、われわれの到着を待つかたちで国内線の出発を遅らせた。というのもその国内線はその日の最終便で、乗れなければわれわれはイスタンブールに足止めになってしまうからだ。そうなると航空会社の整備ミスなので、宿泊代は向こう持ち。出費を避けるため、「ノープロブレム」となったのであろう。

胸にこみあげてきた。そして、振り絞るような声で、今回が骨折からの復帰第1回目の仕事であること、足の不安を抱えながら無事に終えることができたことの安堵を伝えた。

すると参加者から、「やっぱり、そうだったの。*どうも足がおかしいと思っていたのよ」という声が上がった。

私の感情を高ぶらせた表情や声色もあってか、口々に「ありがとう」「これからもがんばってね」という温かい声援までかけてもらった。

さらに最後には、ツアー参加者全員が、窓も割れんばかりの盛大な拍手を送ってくれた。これまでについぞない異様なまでに盛り上がった締めのあいさつとなった。

その後、アンケート用紙を配って、成田で回収する。感動のあいさつのおかげで、添乗員については非常に高い評価をいただいた。

このことに味をしめた私は、以降のツアーの締めにもこのネタを使うことにした。実際に足の痛みもあり、不安もあったせいか、数回は柳の下にドジョウがいてくれた。

やっぱり、そうだったの 参加者のほとんどは私の足のことは気づいていなかった。ところが女性3人グループだけが、歩き方がおかしいと気になっていたようだ。それでこの発言となり、ボルテージが一気に上がって、感動の幕切れとなった。

しかし、数カ月がすぎ、足が完治していくとともに、顔や声のトーンにも迫力が欠けていったのだろう。いつからか同じようにあいさつをしても、パッタリと受けなくなってしまった。

某月某日　打たれ強い人：言いがかりにどう対応するか？

旅行会社にはツアーの参加者から、さまざまな声が寄せられる。なかには感謝や満足の意を表す人もいるが、それはごくごく少数。圧倒的に多いのが苦情、クレームである。ほとんどの添乗員は何らかのかたちでのクレーム経験があるはずだ。

昼食に海の幸いっぱいの舟盛りが出ることになっているツアーがあるとする。募集のパンフレットには、色とりどりの刺身であふれんばかりの舟盛り写真が載っている。パンフレットの片隅には「イメージ写真」と記してある。

けれどもパンフレットでイメージをふくらませた人が実際に舟盛りと対面し、

「誇大広告ではないか」と旅行会社にクレームをつけてくる。

私が実際に体験した、河津桜*の観賞ツアーではこんなことがあった。パンフレットには、「桜の名所に2時間滞在」と謳ってあった。ところが、現地へ行ってみると、桜はまったく咲いておらず、おまけに大雨。それでも、パンフレットに2時間滞在と明記してある以上、旅行商品として販売している旅行会社には、それを守る義務がある。桜も咲いていない土手べりに2時間滞在した。

参加者の中には、添乗員は気がきかない、どこか他所へつれていくべきだ、と怒り出す人もいた。しかし、旅行会社の担当者の指示がない限り、添乗員の一存でそういうことはできない。

旅行会社によって、そういうケースの対応はまちまちである。担当者が別の観光地へ行くように指示する会社もある。また、謝意ということで、食事をグレードアップして対応する会社もある。

その一方で、開花状況は責任がない*ということで、いっさい何もしない会社もある。添乗員はこうした会社の方針にしたがうしかないのだ。

以上の2例は、旅行会社に責任のあるクレームで、添乗員に直接には関係ない。

河津桜
カンヒザクラ系とオオシマザクラ系の自然交配種とされ、開花が早いのが特徴。1月下旬からつぼみがほころび始め、3月上旬まで咲き誇る。静岡県の河津川沿いに数キロにわたって咲く。ツアーはたいてい2月中旬に組まれる。5〜6年ほど前まではたいへんな混雑ぶりだったが、近年では混雑も多少緩和してきている。

開花状況は責任がない
もちろん旅行会社も桜の開花予想などをもとにしてツアーの日程をぎりぎりの段階で組む。それでところが、添乗員名指しのクレームとなると、そうはいかない。添乗員は担当者から事情を聴取される。

そして、添乗員に責任があるとなれば、注意を受ける。クレームの多い添乗員は自然と仕事が少なくなっていく。

クレームにシステマチックに対応する旅行会社がある。

X社では、ツアー参加者の名簿にコメント欄があり、クレーム常習者にはその旨が記載されていた。会社として「クレーマー認定」しており、そのお客が苦情めいたことを言ってきても、添乗員の責任にはならなかった。

ただし添乗員はこうした悪質な参加者にもガマンを強いられる。言い返したり、厳しく注意したりすることは原則的にできない。クレームを受けるのも仕事のうちなのだ。

ところが、クレーム常習者が、ひとたびほかの参加者とトラブルを起こすとなると話は違ってくる。X社は、悪質クレーマーとして、次回申し込み時に参加を拒否していた。

も天候等の気象条件に左右され、ツアーが開花時期と重ならないということは多々ある。花や紅葉の団体観賞ツアーはそうしたデメリットを覚悟しておかなければならない。

また、X社では、準備に集まった添乗員全員に対して、10分ほどのミーティングが毎日必ず行なわれていた。さまざまな部署の社員が、持ち回りの交代制で注意や伝達事項を添乗員たちに伝えるのである。

ある日、クレームに対応する部署の人がこんな話をした。

「われわれは、添乗員に対する苦情が寄せられると、話を鵜呑み(うの)にはせず、必ず内部調査を行ないます。そうすると、クレーム10件に対して、本当に添乗員に責任があるケースは2~3件です。ですから、いろいろなことを言ってくるお客様がいるでしょうが、自信を持って仕事をしてください」

こうしたことをきちんと伝えられる会社は、必然的に添乗員との信頼関係も築かれていくものである。

このクレーム係は、「この部署に異動して、さまざまなクレームに対処する中で、人間不信ではないが、多少性格が変わってしまいました」と自虐的に語ってくれた。

たしかに添乗員サイドから言わせてもらえば、観光バスに40人の参加者が乗っていたとして、1人や2人は尋常でない人がいるのがふつうなのだ。

結果、添乗員として仕事を続けている人は、私の周囲を見渡しても、打たれ強い人ばかりである気がする。何しろ春と秋の繁忙期*には、毎日のようにツアーがあり、寝ている時間もないほどなのだ。ひとつのクレームにいつまでもクヨクヨしている暇もない。

またある程度の経験を積めば、クレームにも慣れてくる。

この打たれ強さに加え、体力さえあれば、添乗員の基礎はできたと言っても過言ではない。サービス精神が旺盛でウケのいい人でも、語学堪能で海外ならまかせてくれという人でも、体力がない人にはこの仕事はつとまらない。

私は6日連続で日帰りの仕事をしたことがある。睡眠時間は毎日3～4時間ほどで、連日にわたってハードな仕事をこなした。4日目からは意識がモーローとしていた。マイクを使ってツアーの説明をしていても、頭が働かない。きっと支離滅裂な説明をしていたことだろう。

旅が好きという理由で、添乗員の世界に飛びこんでくる人はあとをたたない。しかし、すぐに辞めてしまう人も少なくない。生き残っている添乗員は、精神的にも肉体的にもたいへんタフな人たちなのである。

繁忙期
旅行業界には、殺人的に忙しい時期がある。春の桜の時期、そして秋の紅葉の時期だ。その他にもゴールデンウィーク期間中はやはりてんてこまい状態となる。

某月某日　吊るしあげ：中国シルクロードツアーで悪役となる

2011年3月11日、東日本大震災が起きる。以来しばらく、わが国には旅行などとんでもないというムードがたちこめる。

その結果、旅行会社には申し込んだ人たちからのキャンセルが殺到。ツアーの中止が相ついだ。

そのために派遣添乗員たちは、仕事らしい仕事がなくなってしまう。それを機に、転職した添乗員が多かった。私の知り合いの添乗員もダブルワーク*をしている人が多かったから、彼らはもうひとつの仕事のほうに精を出していた。

しかし、これをきっかけにこの世界から足を洗ってしまった人も多かった。特に若い人ほど辞めていった。

もともと添乗員にどうしてもなりたくてなった、という人は少ないのではないか。旅好きでおもしろそうというノリで業界に入ってくる人が大半である。だか

ダブルワーク
添乗員とほかの仕事を兼業している人はこの業界には多い。私にしてもライター稼業を続けながら、添乗員としても働いていた。仲間に土木作業員と添乗員を兼務している猛者（もさ）がいた。若い男性で何か事情があるのであろう。ろくろく睡眠

ら「派遣」という不安定な立場もそれほど気にならない。

ただ旅が好きというだけでこの業務についた人は、この業界の現実の前にすぐ音（ね）をあげてしまう。長時間拘束の上、究極のサービス業ともいえる業務は、水に合わない人にとっては苦役以外の何ものでもないようである。

3・11のあと、私も添乗業務のほとんどがキャンセルになってしまった。当然、収入はゼロになり、行くところもないので、ずっと家にいることになる。

ただ、生涯を通して貧乏生活に慣れているせいもあり、またもともとの性格でもあろう、そんな事態になっても悲壮感を感じないのはトクだ。読書をしたり、散歩をしたりしてすごしていた。その期間は、不動産会社の事務のパートをしていた妻の収入がメインで、時折入ってくる私のライター収入で食いつないでいた。

震災から1カ月後、ようやく中国ツアーの仕事が入る。7泊8日のシルクロードツアーである。

久々に成田空港へ行ってみると、はたせるかなゴーストタウンのようであった。空港のスタッフによれば、日本から海外へ行くツアーは激減。また外国から東日本へ来る人も、ぱったり途絶えてしまったという。

時間も取らず、がんばっていた。

人気（ひとけ）のない空港に、ツアーの参加者がぽつりぽつりと集まってくる。異様な雰囲気が言わしめるのか、「私、このツアーには震災の前に申し込んだんですよ」などと聞かれてもいないのに言い訳めいたことを言う人もいた。後ろめたさを引きずる旅立ちとなってしまった。

参加者は最初のうちこそ、自粛ムード*を引きずってモヤモヤしていた。

しかし、現地に到着してからはシルクロードの旅を満喫するようになっていった。料理もおいしいものばかりで、その点でも満足していた。

ところが、ツアーの終了が近づいたころ、この旅は突如として暗転してしまう。きっかけは宝石店であった。

旅行会社にとって宝石店は、国内・国外を問わず、高額な金銭の見返りのある、おいしいパートナーである。ツアーのコースに組み込んでもらうかわりに、宝石店が売上げの数%を旅行会社にキックバックとして支払う。

宝石店からすれば、払うものは払った上での商売である。多少、強引なことをしてでも、いい商売をしたいと意気込んでいる。

タイミングが悪かった。震災によって、日本からの客足が遠のいていた。そこ

自粛ムード
東日本大震災が起きてしばらくの間、被災者を慮（おもんばか）って、すべてのことに対して自粛するムードが支配していた。そのムードは非常に濃厚で、旅行業界はこの影響をモロに受けた。

へ久々に現れた、待ちに待ったツアー客である。

私たちが店へ入るとスタッフ一同、こぼれんばかりの笑顔で迎え入れた。そのうちのひとりがこなれた日本語で「添乗員さんはこちらへどうぞ」と奥の部屋へ案内した。

その言葉にしたがい、私は部屋へ入った。そして、出された茶を飲みながら、事務手続きをしていた。

するとほどなく、店内に大きな声が響いた。声のするほうへ駆けつけると、参加者のひとりが販売スタッフを怒鳴りつけていた。

どうやら数人の販売スタッフが、ひとりの女性を取り囲んで、宝石をしつこく売りつけていたらしい。それに激昂した別の参加者が大声をあげたのだ。

怒りの矛先（ほこさき）は、やがて私と旅行会社に向けられた。

「お前は何をしていたんだ！」「Z社（旅行会社の名称）はどうしてこんな店へつれてくるんだ！」など興奮した怒鳴り声が続いた。

私はその怒鳴りちらしている男性に謝った。そして、すぐさまツアー一行は店から引きあげた。

参加者の反応は、二分（にぶん）された。怒鳴った参加者のように、腹を立てた人は大勢いた。その一方、中国にたびたび来ている人は、これくらいこの国ではよくあることと冷静であった。*

いずれにしてもこの出来事を境に、ツアーの空気は一変した。一部の参加者たちから、私は悪徳商法の手先として悪役になってしまった。

私以上に気の毒だったのは、ツアーに同行している中国人の日本語ガイドであった。

売上げに応じて手数料が入るため、彼女は張りきって店側の売り子となっていた（ガイドの生活は、おおむねコミッションで成り立っている）。そのために宝石店からホテルまでのバスの中、ずっと吊るしあげられていた。

ツアーの最後に行なったアンケートは、苦情*のオンパレードとなった。それだけでは済まなかった。旅行会社には電話やメールでクレームが相次いだ。

私も後日、精算で旅行会社を訪れた際、クレーム担当者に呼びとめられ、当日の事情を聴取された。添乗員として、怒った人たちへのフォローの仕方がまずかったことが問題視されたのだ。

この国ではよくあること
中国ツアーでは、土産物業者はトラブルのもとになる。じつはこのツアーではガイドの一存により、本来予定に入っていない土産物店に「トイレ休憩」という名目でつれて行かれていた。

苦情
「悪質な宝石店へつれて行かれた」というクレームが殺到したという。旅行会社側にしてみれば、ツアーの最前線にいた添乗員がなんとか対応できなかったのか、という思いもあったのであろう。

あとから思い返すと、たしかに私も反省すべき点は十二分にあった。もう少し早く、的確に事情説明をして、謝罪をしていれば、参加者たちの怒りも収まったかもしれない。

結局、その旅行会社からの仕事は二度と回ってこなかった。その会社との縁は、それでプッツリ切れてしまった。

私のケースは、この業界ではよくあることで、特殊なことでは決してない。私のような目にあった添乗員はそれこそ掃いて捨てるほどいる。派遣会社の添乗員とはそういうものなのだ。

某月某日　〝アタリ〟チーフ添乗員：修学旅行反省会のあとで

10年ほど前の話である。群馬県のある県立高校が、沖縄へ行った修学旅行であった。

１日目は学校からバスで羽田空港まで移動して、飛行機で那覇まで飛んだ。そ

して、観光スポットをいくつかめぐって、ホテルへ入った。

翌日、生徒たちは自主行動の日*となっていた。グループごとにタクシーを使って、それぞれの目的地を回っていくことになっている。

ほとんどのグループが、美ら（ちゅ）海水族館を訪れる予定であった。そこで私にふられた仕事は、水族館に張りついて、生徒たちの行動を監視することであった。

募集型の団体ツアーでは、スケジュールがきっちりと決められている。添乗員はそれにしたがって仕事をするため、不規則な動きをすることはない。

それに対して受注型のツアーはゆるやかなところがある。言い方をかえれば、いいかげんなところもある。社員旅行は幹事、修学旅行は担当者あるいはチーフ添乗員の裁量が大きく、彼ら次第なのである。

チーフ添乗員が神経質な人だと、添乗員の動きを時間単位で管理しようとしたりする。ほかにも物言いが居丈高だったり、何から何まで仕事を押し付けてきたりする人もいる。

その点、この修学旅行でチーフ添乗員*を務めた尾形は物腰が柔らかく、まことにものわかりのいい人だった。

自主行動の日
修学旅行中に生徒たちだけで行動する日のこと。教師の目がないので、なかにはハメを外す生徒もいる。そのため要所に添乗員や教師を配置して、生徒を監視する。

チーフ添乗員
募集型のツアーではいないことがほとんど。対し尾形は、「水族館まではタクシーで移動してください。生徒が美ら海水族館を見学するのは午前中だけになっているので、生徒の監視が終わった午後からは自由に使ってもらって構いません」と言う。

こうしたことはそれほどよくあることではない。まことにありがたい役回りであった。尾形は私にとっては〝アタリ〟のチーフであった。

そうしてその日の午後、私はタクシーの運転手おすすめの、知られざる隠れた名所を回って、午後のひとときを観光した。そして言われたとおりに、夕方にホテルへ戻った。

通常、修学旅行では、生徒を寝かしつけたあと、教師と添乗員とのあいだで反省会が開かれる。基本的には旅行会社の社員だけが参加するが、旅行会社やチーフ添乗員によっては、派遣の添乗員までその会に出席させられる。

日中、特に問題があった旅行となれば、日付が変わって、午前1時、2時までその会が続くこともざらである。派遣添乗員もこれを拒否するわけにもいかず、翌日にはフラフラになって仕事をこなさざるを得ない、というケースもある。

幸いなことに、私が一番仕事をするこの旅行会社では、修学旅行の業務は、夕

て修学旅行では、たいてい社員が同行して、添乗業務の指揮を取る。このときのようにチーフが話のわかる人だと、われわれのような立場の添乗員にとってはありがたかった。

食後に生徒の部屋の巡回などをして、10時ごろには終了する。反省会には社員の添乗員のみが出席する。

尾形から「どうぞ先にあがってください」と声をかけられ、その日もその時刻に私は仕事を終えた。そしてせっかく沖縄まで来たので、泡盛を軽く呑んでから寝入った。

翌朝、チーフの尾形とその下のスタッフと私の計3名は、朝食会場に6時に集合であった。ところがその時刻に、集合をかけた当の尾形とそのサポート役の入社早々の若手社員が、そろいもそろって現れない。

10分ほど待っても来なかった。それで2人の部屋へ行ってみることにした。

部屋のチャイムを鳴らしてしばらくすると、いかにも今の今まで寝ていましたという顔で、尾形がドアを開けた。

聞けば先生たちとの反省会*があり、そのあとの流れで、朝近くまで酒の集いになったという。

酒がめっぽう好きでなおかつ強い先生がいて、酒盛りは延々と続いた。明け方ようやく散会となり、よろめくように部屋に戻って、そのまま横になった。

反省会
その日に問題があってもなくても、一日の締めくくりとして、教師と添乗員の間で話し合いが持たれる。その中でよく槍玉にあがるのがバスガイド。

そうして私に起こされるまでのつかの間、寝ていたそうである。尾形も若手社員もともに顔もスーツもヘロヘロであった。

どの業界もそうであるが、旅行業界もまた、食うか食われるかの熾烈な戦いを繰り広げている。

修学旅行を扱う会社*が成績を伸ばすには、学校回りを頻繁にして、あの手この手で、他社の仕事を奪い取るしかない。

奪い取れないまでも、死守しなければならない最低限のラインが現状維持である。来年もまた自社で修学旅行をしてもらわなくてはならない。現状を維持するためには、担当している学校だけは横取りされないようにしたい。

したがって無理が通ればなんとやらで、明け方までの酒の宴となった、という次第である。

ただ、現在では旅行会社の社員と教員が、おおっぴらに酒をくみかわすのは、御法度になっている。

それでも酒に目がない教師はごまんといる。そして旅行業界が弱肉強食の世界であることは今も変わりない。

教師たちは毎年、いろいろなガイディングに接しているからだ。下手なガイディングがあった日には、バスガイドも呼ばれ、叱責されたりすることもある。

修学旅行を扱う会社　修学旅行などの受注型ツアーを扱うのは業界でもトップクラスの会社だ。そういう会社に所属するエリート社員たちがよその会社から仕事を奪うべく、学校を舞台にして仁義なき戦いを繰り広げている。

某月某日　**赤玉、青玉、白玉**：乾いた街に咲いた一輪の冬の花

今回は変わった仕事*についた折の話をしたい。新年早々、都心のイベントホールで、ある種苗（しゅびょう）会社が自社製品の展示即売や商談会など、新年度の業務をアピールする催しを開いた。

種苗会社の製品をイベントホールに搬入したのが、大手の通運会社で、その通運会社の系列の旅行会社がイベントをサポートすることになった。そうして私は派遣のサポートスタッフとして、駆り出されることになった。

ホールを訪れるのは、種苗会社が招待状を送った取引業者のみ。したがってお得意様感謝デーの色合いも強く、来場者には土産、昼食の弁当が配られた。

そして、さらなるサービスの一環として、ホールの一角にガラポン台による抽選会場が設けられた。

来場者は招待状を出すと、1回抽選をすることができた。私に割りふられた仕

変わった仕事
イベント業務を扱う旅行会社では、イベント関連の仕事も多い。イベントの受付やクローク係はよくやった。もっとも変わった仕事は、大学入試の試験監督をしたことだ。上記の通運会社が、ある大学の入学試験のテスト用紙を運送していた。その関係で、やはり系列の旅行会社が入試業務のサポートをすることになり、門外漢の私にお鉢が回ってきた。

事は、抽選会場で景品を渡す係であった。

景品は１等（赤玉）が１０００円のクオカード、２等（青玉）が菓子のつめ合わせ、そして３等（白玉）がボールペンであった。

ボールペンは実質的にはハズレである。けれども担当者は私に、「１等でも２等でも３等でも、元気よく『おめでとうございます』と言ってください」と指示を出した。

そうして私は、抽選会場でガラポンを回した人に「おめでとうございます」と言って景品を渡す係という、めずらしい仕事*をする機会を得ることになった。

実際に仕事をしてみて、意外だったことがあった。景品を渡すほうも、当たりの赤玉、青玉が出るとうれしいということである。

というのも当たり前であるが、ハズレの白玉が圧倒的に多い。９割は白玉だ。したがって私は次々やってくる来場者を相手に、「ガラガラポン」→「白玉」→「おめでとうございます」という一連の流れを、ただ機械的に繰り返していった。

季節は新年早々の真冬。しかしホール内は、シャツ１枚でいいほど、暖房がきいていた。単調な作業とポカポカの室温に、だんだんと眠気をもよおしながら仕

めずらしい仕事
この仕事も当日、現地に行ってそのまま直帰できた。添乗業務のような準備も精算もないのでラクであった。日当もほとんど変わらない。同僚の添乗員の中には「添乗よりもイベントの仕事のほうが好き」と公言する人もいた。

事をしていた。

眠気ざましの刺激を与えてくれたのが、たまに登場する赤と青の玉であった。

その2色が出ると、頭の中にパッとランプが灯る快感が走り、義務感からではなく心の底から、「おめでとうございます」と上ずった声が出た。

またその仕事をしてみて、やはり世の中にはいろいろな人がいるものだと、あらためて思い知らされた。

ガラポン台のかたわらに立っている私のところへ、不機嫌そうな顔をした中年女性がツカツカと歩みよってきた。

そして、「赤玉が出たら、カランカランと鐘を鳴らしてよね。あたしはいつも鐘の間合いを計算して、ガラガラを回してんのよ」と威嚇的に言い放った。

種苗会社では、大当たり用の鐘を用意していなかった。謝りながらその旨を伝えると、「しょうがないわねぇー、もう」と、ますますムスッとした顔になった。

しばらく様子を観察していた女性は、「それなら、この前の赤玉はいつごろ出たの？」と尋ねてきた。

「もう小1時間は出ていませんねえ」と私が答えると、女性はしばし考えこんだ。

そして意を決して、自らガラポン台に向かった。

結果は白であった。

私は指示されたとおり、「おめでとうございます！」といつも以上に元気よく、ムッとして白玉を睨みつけている女性に声をかけた。

白い色がやけにくっきりと鮮やかに映った。

赤と青が出た人は喜ぶし、白の人はガッカリする。そしてハズレの人はブスッとして、あるいは無表情でボールペンを受け取る。それが人びとの一様の反応であった。

ところが、たったひとりだけ、異色のリアクションをした妙齢の女性がいた。

白玉が出た途端、彼女はこう言った。

「やったー、ラッキー！　私、ちょうどボールペンが欲しかったんですよ。うれしい！　ありがとうございます！」

そう言って、はにかんだ笑顔でボールペンを受け取った。

昼休み、私は外の空気が吸いたくなった。それでイベントホールから出て、周辺をブラブラと歩いた。

あたりには高層の建物が立ち並んでいた。みごとなまでに機能的な景観である。都会特有の人工的な風が、無機質な街路を吹きぬけていった。
笑顔でボールペンを受け取った女性は、乾いた街に咲いた一輪の冬の花であった。

某月某日 **大名旅行**：添乗員冥利につきるツアー

ある年の師走、正月のトルコツアーの仕事が入った。暮れも押しせまって、旅行会社にその仕事の準備に行って、ギョッとなる。

参加者の名簿にのっているのは、ひと家族の3人だけ。何らかの事情があって、こういう少人数でツアーが催行されることになったのであろう。

これまでにも7、8人のツアーというのはあった。しかし、3人というのは初めてのことである。

年が明けてツアーの当日、成田空港で両親と大学生の娘という、参加者の3人家族と合流。結果的に家族旅行に添乗員がついたという格好である。

その年の冬は異常なまでに寒く、成田は雪に閉ざされていた。飛行機で12時間飛んだイスタンブールもまた、一面の銀世界が展開していた。見慣れたはずの古都は白い化粧がほどこされて、神秘性にさらに磨きがかかっていた。

空港では、トルコ人の日本語ガイドとドライバーが待っていた。参加者が３名、そして私も含めたスタッフが３名。一般の募集型ツアーとしてはあり得ない*、大名旅行である。

そうしてぜいたくなツアーはスタートした。けれども大雪のために、渋滞や通行止めに遭遇するなど、道路状況は悪くなる一方であった。

また行程に入っていた施設が、大雪という理由で閉鎖になっているところもあった。そんなこんなでスケジュールは大幅に変更*を余儀なくされた。

救いはひと家族だけのツアーであったこと。大名一家の了承を取りさえすれば、変更はいかようにも可能となる。

大雪で閉鎖された観光地をカットしたいと提案すると、お父さんが「いいです

一般の募集型ツアーとしてはあり得ない
たまにいろいろな事情がからみ合って、こういう事態が起こることもある。国内ツアーで参加者が、２組５人ということがあった。「貸し切り状態でよかったですね」と参加者に言うと、「ひとつだけ困ったことがある」と返された。バスの移動中、話をしているバスガイドとずっと目が合い、眠ることができなかったという。

スケジュールは大幅に変更
募集型のツアーでは、基本的にはおいそれと旅程

よ」とすぐに了承してくれた。いくつかの目的地も同様に大雪閉鎖でカットとなり、そのたびに私はお父さんに確認をとり、「いいですよ」をいただいた上で、連日にわたって早目にホテルに入った。

雪のために、逆にいいこともあった。どこへ行っても人が少なくて、混雑とは無縁。観光でも食事でも買いものでも、貸し切りに近い状態であった。

いつもならば、世界中の人びとの見本市のごとき様相を呈する、イスタンブールの有名観光スポット*でさえ、ガラーンとしていた。

またシーズンオフということで、トルコ石を売る宝石店や、ジュウタンを販売する店などがセール期間中であった。そのために格安で商品を買うことができた。ここでは母娘がことのほか喜んでくれた。

寒い時期のツアーでは、ホテルで温かい風呂に浸かることは何よりの楽しみである。ましてや温泉ともなれば言うことはない。

トルコツアーで、必ずといっていいほど訪れるパムッカレには温泉が湧いている。異郷の地での思わぬ雪見風呂に、一家3人はご満悦であった。

いろいろとあったものの、ツアーは予定どおりに帰国の日を迎えた。しかし、

を変更したり、カットすることはできない。

イスタンブールの有名観光スポット
オスマン帝国の歴代の君主たちが暮らしたトプカピ宮殿、東西文化融合の象徴ともいうべきアヤソフィア、美しさで人々を魅了してやまないブルーモスクなど。ハイシーズンにはブルーモスクに入場するのに、30分から1時間、列に並ぶのは当たり前。

最後の最後まで、雪は私たちを翻弄した。その日、激しい雪が降りやまず、空港はついに閉鎖となってしまった。

そうなるとあれほど人気がなかったのに、いったいどこから湧き出てきたのかというくらい、空港は人であふれかえった。

世界中の人びとでひしめきあう空港内は、多言語の坩堝と化した。そして一夜を空港内ですごす人びとの場所取りで、異様な熱気に包まれた。

そういう異常事態になると、宿泊のために空港近辺にホテルを確保するのはきわめて難しい。その旨、家族に伝えると、お父さんが「仕方ありませんよね」と応諾してくれた。

しかし、ガイドの尽力のおかげで、私たちは空港でゴロ寝をせずに済むことになった。それどころかおまけで泊まることになったホテルが値段のわりには素晴らしかった。一度落胆したあとだったせいか、ここでは娘さんがひときわ感激してくれた。それを見守る両親もうれしそうだった。

旅行を意味する英語のトラベルは、トラブルが語源だという。まさにとことん雪にもて遊ばれた、トラブル続きのトラベルであった。

ところが、大名家の人たちはトラブルまでも楽しんでしまう旅心の持ち主であった。私にとってもストレス、苦労*とも無縁の、じつに楽しく充実した7泊8日であった。

「おかげさまで、めったにできない旅をさせていただきました」と言われたときには、添乗員冥利につきた。

ストレス、苦労
添乗員ばかりではなく、ガイドにもストレス、苦労はある。トルコの中年男性ガイドから次のような話を聞いた。ツアー中は文句を言うでもなく、穏やかな表情で観光していたのに、ツアーが終わってほどなく、日本から海を渡ったクレームが届くことがあるという。また別のトルコ人女性ガイドはこんな話をしてくれた。イスタンブールの空港で別れのあいさつを交わし、ニコニコ顔でツーショットの写真におさまった熟年女性から、帰国後、旅行会社を通して強烈な苦情を言われたという。彼女はしばらく人間不信におちいったそうである。

第3章 添乗員を取り巻く奇妙な人びと

某月某日　**人生のベテランたち**：バイキングは戦場である

新聞の広告などを見て、団体旅行に参加する人は、圧倒的に高齢者が多い。

募集型の団体旅行における参加者の年齢は、ボリュームゾーンが国内は70代、海外は60代と言われている。

超の字がつく高齢社会となった現在、80代の参加者もめずらしくはなくなった。時には90代の方さえも参加している。したがって募集型の団体ツアーの添乗員は、人生のベテランを相手にした仕事ということになる。

酸いも甘いもかみわけた、人生のベテランたちの団体だから、さぞや穏やかな旅行になると思うであろう。それがあにはからんや、いろいろな問題が持ち上がる。

一般的に年を重ねると、トイレが近くなる。だからベテランたちのツアーでは、

ふだんからトイレ、トイレと忙しい。連休でどこもかしこも人でいっぱいとなると、トイレ戦争となってしまう。

花見のツアーのこと。東京の上野公園*で、満開の桜を愛でるために、１時間半の自由時間をとった。

ところが女性トイレが大混雑。長蛇の列で用を足すのに１時間も要したという。桜を楽しむのが30分、その倍もの時間をトイレ待ちのためにに使ったことになる。

ツアーの戦場はトイレに限ったことではない。泊まりの旅行では、早朝から戦いが始まる。

ベテランはとにかく朝が早い。夜明け前後から、大浴場はにぎわい始める。団体がいくつも重なろうものなら、イモを洗うがごときである。

朝風呂が済むと、部屋でしばしの休憩。そして次に向かうのが、朝食会場である。オープンする10分ほど前から、腹を空かせた列が作られる。

会場前にはベテラン勢がたむろし、ガヤガヤ騒しくなる。その騒ぎにレストランのスタッフがプレッシャーを感じてしまう。

そのために予定を繰り上げて、会場をオープンせざるを得ない。団体ツアーの

上野公園
東京を代表する桜の名所。桜の満開時には、園内は人で埋めつくされる。トイレは桜の満開時の人出を想定した規模になっておらず、長蛇の列になるのは、仕方がない面もある。そういう非常時には、思い切って公園を出て、近くのコンビニや商業施設へ行ったほうが得策。

朝食会場*においてよく見かける光景である。

逆にオープンが少しでも遅れようものなら、たいへんなことになる。ある朝食会場で予定よりもオープンが2~3分ほど遅れたことがあった。たったの2~3分である。その遅れに激怒した人がスタッフを怒鳴りつけている現場に遭遇した。怒鳴っていたのは、70歳くらいの男性。怒鳴られていたのは、外国人の若いスタッフ。タドタドしい日本語で謝る姿を見ていたら、悲しい気持ちになり、見ているうちに情けなくなってきた。

団体旅行の目玉として、「~放題*」というのがある。フルーツ食べ放題で要注意なのがサクランボ。高級品ゆえに、ついついテンションが上がってしまい、ここぞとばかり食べすぎになる人が出る。

サクランボは消化が悪い。そのためツアーの中で1人や2人は腹具合を悪くする人が出てくる。

サクランボ狩りの後、高速道路をバスで移動中のこと。「妻が腹が痛くて苦しんでいる」と、70代の男性が私に訴えに来た。

後方の席へ行ってみると、奥さんの顔は真っ青。おまけに玉の汗を浮かべて、

団体ツアーの朝食会場
団体ツアーが泊まる宿の朝食は、バイキングが相場。団体が5つも6つも重なろうものなら、会場のオープン時刻には、長い列が形成される。その列はそのまま会場内へ移動、朝から戦いが始まる。なかにはてんこ盛りのおかずに、ごはんとパンの二刀流という、剛の人もいる。念のため、人生のベテランの話である。

「~放題」
午前中、野菜のつめ放題。昼食はバイキングで食べ放題。そして午後にはイチゴの食べ放題。といった具合に、一日中「~放題」を満喫するツアーもある。それに参加する人の多くは、元気いっぱいの人生のベテランたちだ。

ウンウンうなっていた。

一刻の猶予もならぬという、ただならぬ様子であった。私はバスのドライバーに相談した。両者で仕方ないと判断し、（本当はいけないことなのであるが）バスを路肩に緊急停車させた。バスが停車すると同時に奥さんが慌てて外へ駆け出して行った。ここから先はみなさんのご想像におまかせしよう。

こうしたさまざまなことを目の当たりにして、つくづく思い知らされたことがある。人間は年を重ねるとともに成熟していくわけではないという、悲しくも厳粛な事実である。

某月某日　私のバスはどこ？：添乗員が集合場所を連呼するワケ

「記憶にございません」とは、国会議員の常套句。議員センセーの記憶うんぬんは、相当にあやしい。だがツアーに参加する高齢者には、本当に記憶が飛んでいる人もいる。

ツアーに食事がついていなくて、食事処で食べるオプション*の場合、添乗員は警戒しなければならない。

申し込んだことを忘れて、食べそびれる人がいるからである。逆に申し込んでもいないのに、食べてしまう人もいる。参加者はみな大人なのだから、放っておいてもうまくいくだろうなどと甘く考えてはいけない。添乗員は二重に気を配らなければならない。

高速道路のサービスエリアでバスがたくさん停まっていると、ウロウロしている人を見かけることがある。バスの外で参加者を迎えている私に「私のバスはどこでしょう?」と聞いてくる人もいる。「私のバス」の会社名や特徴を聞いてみても、まったくわからないと言う。それでは答えようがない。たいていは添乗員が小走りに探しに来て、ことなきを得る。

私のツアーではこういうことがあった。大きな神社の駐車場にバスが停車した。そこから参加者は団体行動で本殿まで移動した。

本殿の前で団体は解散。あとは自由行動で、各自で参拝したり、散策したりして、バスに集合ということにした。

食事処で食べるオプション 旅行会社はツアー代金を少しでも安くして、参加者をたくさん集めようとする。そのため食事なしというツアーも少なからず発生する。そういうツアーでは自由食となり、参加者はめいめいに食べることになる。そこで食事のオプション販売となり、食事処とのあいだでまたしても「ウインウインの関係」と相成る。

ところが、バスの出発時間*になっても戻ってこない女性2人組がいた。やがて私の携帯電話が鳴り、迷ってしまったと狼狽した声。

2人から場所を聞いた私は、ドライバーと参加者に断って、2人を迎えに行くことにした。携帯電話で「絶対にそこを動かないでください」と伝えた。

しかし、パニックになった2人は自分たちでバスを探して移動してしまった。

その結果、再び居場所がわからなくなってしまう。連絡をとるべく電話をしても、いっかな出ようとしない。

そんなこんなで、2人と合流できたのは、最初に電話をもらってから、30分以上も経ってからのこととなってしまった。

この仕事のつらいところは、どんなに迷惑をかけられても、顔に出せないことだ。2人組と出会ったときの私の笑顔はきっとゆがんでいただろう。

シュンとなった2人組がバスに乗り込む前、私はこうささやいた。

「ツアー参加者のみなさんもかなりお待ちですので、みなさんに一言だけ謝っていただけますか」

こういう事態で困るのは、ツアー参加者の中に腹を立てる人が出てくることだ。

バスの出発時間
団体ツアーでは、スケジュールがガッチリと組まれている。そのため食事や観光などでバスが停まるたび、添乗員は参加者に出発時間を知らせる。ところがその時間を守らず、遅れる人はよくいる。その一方、異様に早くバスに戻ってくる人もなぜかいる。まさに人生いろいろである。

なかには「何をしていたんだ!」などと遅れてきた人が別の参加者に怒鳴りつけられるケースもある。そんなことになれば、その日のツアーの雰囲気は最悪になってしまう。添乗員としてはそれだけは防がねばならない。

この2人組は違ったが、なかには「迷子になったのは添乗員の説明が悪かったせいだ」などと言う人もいる。バツが悪くて自分のミスを認めず他人のせいにしようという気持ちなのだろうが、こちらとしてはたまらない。

2人組がしょんぼりしながら謝り、ほかの参加者も納得してくれたおかげで、事なきを得た。

添乗員が、集合時間や集合場所などを耳にタコができるほど、何度も繰り返すのには理由がある。少々うるさくても、どうかお許しいただきたい。

某月某日 コーコツの旅人：なにやら臭う話

迷子でもっとも困るのは、空港である。北海道へ行くツアーのこと。バスは羽田空港に11時に到着した。13時発北海道行きの飛行機に乗る予定で、それまでは自由昼食となった。

参加者に搭乗券を配り、団体をいったん解散する。そして食事のあと、各自で搭乗ゲートへ来てもらうことにした。

搭乗券を配っている最中、自力で搭乗ゲート*まで来るのがあぶなそうに思える高齢の夫婦がいた。添乗員としてはトラブルは未然に防がねばならない。

私は「昼食後、こちら（解散場所）にお越しいただき、私がゲートまでご案内しましょうか？」と提案した。

ところが、ご主人のほうは「大丈夫。自分たちでゲートまで行く」と言い張る。そうなるとこちらとしてはそれ以上は何も言えない。意外と旅慣れているのかもと淡い期待を抱いた。

だが、期待は見事に裏切られる。

搭乗ゲート前で、搭乗開始の時刻をすぎてもなかなか現れない夫婦を待ってヤキモキしていると、携帯電話の着信がある。夫婦のご主人からだ。

「迷っちゃったけど、どうしよう？」

自力で搭乗ゲート
北海道や沖縄行きのツアーの場合、添乗員が出発地から同行せず、現地で添乗員が待ち受けるケースも増えてきている。その場合、ツアー参加者各自が、出発地の空港のカウンターでチケットを受け取り、飛行機に搭乗するわけだが、目的地にたどり着けなかったという人が時折出てくる。自力で搭乗ゲートにたどり着けないという人も実際にいるのだ。

焦った様子もなく、どういうわけか泰然自若である。教えてもらった場所に走って迎えに行き、からくもことなきを得た。

心配したとおりになったとしても、「だから言ったでしょう」などとは言えない。

それにしても、これも性格なのだろう。あやうく飛行機に乗り遅れるというのに、その夫婦は揃って平然としている。彼らにしてみれば、電車を一本乗りすごすくらいの気持ちでいるのだろう。

さすがにこのときは、ゆがんだ笑いを浮かべる余裕もなかった。

便意がコントロール不能という、笑うに笑えない悲（喜）劇もある。日帰りツアーのバス移動中のこと。突然、車内にイヤな臭いがたちこめ始めた。人びとは一様に異臭に顔をゆがめている。その中にひとりだけ、悠然と流れすぎる景色を眺めている男性がいた。

どうやら臭いの元はその人らしい。臭いだけでなく、雰囲気もクサい。

だが、ことがことだけに、添乗員としては軽率な行動はつつしまなければならない。

念のため、旅行会社の担当者に電話を入れると、担当者は「くれぐれも事実確認をして、慎重に対応してください」と言う。

次にバスが停まるのは土産物店の予定であった。

店へ着くと、ほかの参加者に先にバスから降りてもらった。そして私は、件(くだん)の男性の座席へ向かった。近づくにつれ、異臭は強くなり、男性と向き合ってしかと確認した。

やはり推測は当たっていた。当初は気づかなかったが、一人で参加したその男性とやりとりすると、どうやら軽い痴呆の症状があるようなのだ。

「大丈夫ですか？」と声をかけても、「ええ、大丈夫です」とあっけらかんと答える。表情もなんとなくうつろだ。

「こちらにお越しください」と男性を店へと案内した。事情を説明して、店でシャワーを借りる。*着替えもなんとか調達。どうにか男性はツアーを続けることができた。

認知症はなった者勝ちだと説く人もいる。たしかに男性はそれだけの騒ぎを起

店でシャワーを借りる
旅行会社によっては、ツアーのたびに必ずといっていいほど立ち寄る店がある。いわば「ウインウインの関係」が濃い店である。このケースで地獄に仏だったのは、そういう店で融通がきき、こちら側のワガママを聞いてもらうことができたことである。

こしておきながら、どこかすべてが他人事のようであった。

たいへんなのはドライバーだった。座席を取りはずし、臭気を取りのぞくなど、汗だくになっていた。バス会社に戻ってからもひと悶着あったかもしれない。

だが、なんといっても、一番の被害者はほかの参加者たちである。楽しいはずのツアーが一転、悪臭に耐える修業の旅と化してしまったのだから。

某月某日 ドライバーもつらいよ：バスドライバーたちの本音

私が旅行業界に入ったころは、バスのドライバーの昼食代*は旅行会社が負担をしていた。

ところが薄利多売で、世知がらい業界のこと。少しでもコスト削減をはかろうとして旅行会社が目をつけたのが、バスの乗務員の食事代であった。

かくしてある旅行会社が食事代を払うのをやめると、ほとんどの会社が右へならえとなった。今から10年ほど前の出来事だ。

ドライバーの昼食代 同じ旅行会社でも、支店や営業所によって扱いが異なる。また日帰りツアーは自腹でも、泊まりのツアーは旅行会社負担などときっちりとした統一性はない。

その結果、募集型のツアーでは、ドライバーは自腹で昼食をとることになった。細かいことと言ってしまえば、細かいことである。だが人間というのは、そういう細かいことで感情が左右されるものでもある。

ドライバー側からすれば、ある日を境に突然、今までタダで食べることができた昼食が打ち切りになってしまったのだ。おもしろいはずがない。

50代のベテランドライバー・島津がそうだった。

ツアーのスタート前、添乗員とドライバーはその日の旅程について打ち合わせ*をするのが通例だ。

しかし、島津は当初からあからさまに不快感をあらわにし、こちらが挨拶しても、それを無視した。なおも私は、仕事の打ち合わせをしようと話しかけた。島津は不機嫌そうに、「知らねえよ、そんなもん。勝手にやりゃいいだろ」と言い放った。その後も話しかけるなオーラ全開で、打ち合わせという雰囲気でもない。

そうなるとこちらとしてもさらに話しかけるわけにもいかず、黙々と自分の仕事だけをこなすことになる。このツアーのあいだじゅう、島津と私は話をすることもなかった。50すぎの大の大人が、と思われるかもしれない。しかし、食べも

旅程について打ち合わせ　高速道路上のどこでトイレ休憩をとるか、駐車場のない施設の場合、バスをどこへ回送するかなど打ち合わせ項目は多岐にわたる。

のの恨みはかくも恐ろしい*ものなのだ。

もうひとつ当時と現在で、ドライバーの仕事環境で大きく変わったことがある。勤務時間*である。これは食事代カットと異なり、いい方向への変化である。

大型観光バスの事故が頻発したことがあった。そのためドライバーの1日の仕事は16時間以内とすることが厳守されるようになった。

ひと昔前の日帰りバス旅行といえば、出発地点を朝の6時か7時に出て、夜の9時、10時に帰ってくるのが、ごくふつうのことであった。

だから激しい渋滞に巻きこまれようものなら、日付けが変わってゼロ泊2日の旅となることも、時にはあった。それが現在では、遅くとも夜の8時ごろには、ツアーは終わるようになっている。

ところが法令で定められた乗車時間から解放されても、ドライバーの仕事は終わりとはならない。車庫*に戻ってから、バスの掃除をするのだ。大手のバス会社の中には掃除専門のスタッフがいるところもある。そういう会社では、ドライバーは車庫に戻れば仕事終了となる。中小、零細のバス会社では、ドライバーがモップなどを使ってバスを洗車するなどしている。

食べものの恨みはかくも恐ろしい
自腹となったドライバーたちに一番人気なのはカップ麺だ。カップ麺をすすったあとに、缶コーヒーを飲み飲み、タバコをくゆらすというのが彼らの昼食の定番パターンだ。かつて国民的映画『男はつらいよ』で、極楽トンボの寅さんがある島を旅行した折に「庶民の暮らしは貧しいなあ」とのたまった。ドライバーの食事事情こそ、寅さんの名セリフそのままなのだ。

勤務時間
ツアー中にハンドルを握っている時間のほか、車庫から配車地までの移動時間も含められる。それが16時間以内になるよう、旅行会社、バス会社ともに苦心している。

車庫

乗車時間プラスアルファが、ドライバーの本当の勤務時間なのである。以前とくらべて改善されたとはいっても、今でも相当にハードな仕事であることに変わりはない。

勤務実態がそのように過酷であるから、当然のごとく若い人は入ってこない。仮に入ってきても、想像以上のモーレツさにすぐにやめてしまうそうだ。

したがって、50代、60代のベテランが中心になって、ハンドルを握っている。さらに定年を迎えた大ベテランが、アルバイトという雇用形態で、比較的ラクな仕事をこなしているというのが、業界の実状である。

ところが、あるドライバーに言わせると、16時間スレスレのきつい仕事もほどほどにこなしたいのだそうだ。

というのも彼らの給与体系というのは、距離を走ってナンボになっているからである。要するに長時間働いて、残業代を稼がなければやっていけない、というのが本音なのだ。それが観光バス業界の哀しすぎる現実である。

政府は長時間労働の是正など、働き方改革を推進している。たしかに長時間労働は、過労などの弊害を及ぼす可能性が高い。けれども本音を漏らしたドライ

現在、私が住んでいる前橋のような地方都市では、添乗員もツアー出発地まで車で移動するのがふつうだ。バスに添乗する場合などでは、バスの車庫まで自家用車で行き、そこで直接バスに乗り込み、ツアー出発地に赴くこともある。車庫にはバスドライバーたちの自家用車が整然と駐車している。それを見て気づいたことがある。車が高級車とボロい自動車に二極化しているのだ。私の知るかぎり、バスドライバーにはバツイチや独身が多い。もともと車好きな彼らは高級車を志向するらしい。対して家族持ちはほとんどボロい自動車である。こうしてバス会社の車庫には不思議な光景が現れる。

バーのごとく、長時間働かざるを得ないという人も確実にいるのだ。

添乗員しかり、ドライバーしかり。夢を売るはずの楽しき団体ツアーも、舞台裏を見渡すと、涙ぐましい光景が広がっている。

某月某日　迷惑ドライバー：添乗員とドライバーのビミョーな関係

バス会社からすれば、旅行会社はお得意様である。したがって、旅行会社のスタッフたる添乗員は、バスのドライバーにとっては、お得意様の一員であることは間違いない。

ところが、ドライバーからすると、派遣会社に所属する添乗員というのがあやふやな存在に映るみたいだ。お客といえばお客なのだが、かといって旅行会社に所属しているわけでもないので、純然たるお客ともいえない。

かくして添乗員とドライバーのあいだにはビミョーな力関係*、空気感が立ちはだかる。以下はそういうビミョーな関係によってつむがれた話の数々である。

ビミョーな力関係　添乗員が初心者の場合、仕事をする上でどうして観光バスの座席の定員は、旅行会社によって異なる。ドライバーの真後ろの席を、添乗員の業務席としている会社がある。

その一方、儲けを最優先して、座席がいっぱいになるまでツアーの参加者をつめ込む、がめつい会社もある。満席の場合、バスガイドがいないツアーならば、添乗員はドライバーの隣の席に座る（そこは本来、バスガイドの業務席）。

こうした際、時として添乗員にとって困った問題が持ち上がる。しゃべり魔ともいうべき、話し好きのドライバーがいるのだ。

会社の愚痴や、最近行ったツアーでの苦労話、家での奥さんとのやりとりなど、ネタが尽きることはない。エンドレスの話を一方的に聞かされるのは、精神衛生上よろしくない。

だから、そういう場合は席から離れて、マイクを使って参加者に話をして、避難することにしている。

ただし避難にも、限界がある。添乗員がしゃべり魔と思われては、元も子もない。参加者が長話にウンザリしない程度にだ。

ちなみにツアーの車中での添乗員の仕事は厳密に決められているわけではない。

もドライバーの知識や経験に頼る。そうなればへりくだった態度を取らざるを得ない。その逆のケースもある。また互いにベテラン同士なら相手を頼ることもない。そういうパワーバランスによって、ビミョーな関係が構築される。

最低限の説明だけをして、そのまま自分の席についてしまう人もいれば、ずっとガイディングを続ける人もいる。人それぞれの裁量にまかされているわけだ。私の場合は、必要な説明をしたあとはところどころで景色や名物などの説明を行なうにとどめている。

話し魔とはタイプの異なる、一言多いドライバーもいる。その手のタイプで多いのが、添乗員の仕事の領域にまで口をはさむ、仕切り魔だ。

たとえば、高速道路のサービスエリアで休憩をとるとする。仕切り魔ドライバーは、「ここは15分もあれば十分でしょ。15分で（バスを）出そうよ」などと口出ししてくる。

旅程の管理は添乗員の仕事なのだ。アドバイス程度ならまだしも、すべてを取り仕切りたがる人や、したがわないと露骨に不貞腐れた態度をとる人もいて、迷惑この上ない。

さらに困るのが、自分の都合を押しつけるタイプ。早く仕事を終えたくて、観光地や土産物店の滞在時間を短くするよう急かしてくる。参加者にツアーを楽しんでもらおうという意識などまるでないのだ。

あるとき、さすがに私も「時間の管理はこちらの仕事ですから！」と強めに言い返した。

以降、ドライバーはブスッとしてハンドルを握っていた。気まずい関係になったが、どうしてもゆずれない一線はある。

まれに運転しながら、バスガイドの役もつとめる、サービス過剰ドライバーもいる。車窓の案内やダジャレを飛ばしながら運転していくのだ。

しかし、せっかくのサービスも反応はまちまちである。「黙って運転していろ」とアンケートにきつい言葉を書く人もいる。やはり余計なことをしないほうが、身のためというものだ。

もっとも困るのは、道を間違えるドライバー*である。プロでも間違えるのかといぶかる方もいるだろう。ところが道を知らなくて、勉強不足というドライバーも中にはいる。

人間だからだれしも、時にはミスを犯す。そういうときに素直に謝れば、問題にはならないはず。

だが知らんぷりをしたり、ごまかそうとするドライバーがいる。そういうこと

道を間違えるドライバー
少しくらいのミスならば、だれにでもある。しかし間違いがもとで1時間も予定がズレ込んでしまうと大事だ。イタリアツアーのときに、道をよく知らないドライバーと組んでしまった。ある夜、レストランへ行くのに道に迷い予定が大きく狂っ

はなんとなくわかってしまう。次第に気まずい雰囲気がバス内に広がっていく。

雰囲気が悪くなる程度では済まず、大問題になったこともある。ドライバーが道を何度も間違えて、スケジュールが大幅に遅れてしまったことがあった。参加者のひとりが怒り、「もう帰りたい」と言い出した。その段階でドライバーが謝れば、ことは大きくならなかった。

しかし、頭を下げるかわりに、「わかったよ。帰るんなら、交通費はオレが出せばいいんだろ」と、威勢のいいタンカを切ってしまった。

そうなるともう、売り言葉に買い言葉。双方、引っ込みがつかなくなる。さらに悪いことに、ツアーを離脱したいという同調者が何人も出てきてしまった。*

添乗員もドライバーも、ツアーの参加者に喜んでもらうために仕事をしている。それがこともあろうに、参加者とケンカをするなどあってはならないことだ。サービス業従事者失格の烙印が押されても仕方あるまい。

どんな仕事でも、「忍耐」なくしてはつとまらない。少なくとも瞬間湯沸かし器タイプは、サービス業の最前線には向かない。

てしまった。頼りないドライバーであったが、なにせイタリアのこと。頼らざるを得なかった。

同調者が何人も出てきてしまった
このときには10人ほどが実際にその場でツアーを離脱してしまった。あとのことはわからないが、ドライバーが「交通費はオレが出す」などとタンカを切ってしまったわけで、後日参加者からクレームが寄せられれば、旅行会社やバス会社としてはなんらかの対応をせざるを得ないであろう。

某月某日 **プロ中のプロ**：おばあさんガイドの大逆転劇

これまでにたくさんのドライバーやバスガイドと仕事をしてきた。その中にはプロ中のプロと呼びたい、優れた人がいた。

首都圏の添乗員には、地方から来る修学旅行生を東京で待ち受ける仕事*がある。その日、私とバスガイドは、東北のある中学校の修学旅行生の到着を東京駅の新幹線ホームで待っていた。

ご多分にもれずバスガイドの業界*も、高齢化の波が押し寄せている。その日のガイドは超の字がつくベテランであった。

新幹線が到着し、浮き立つ顔で生徒と先生たちが降りてきた。年頃の生徒たちはお姉さん世代のガイドを期待していたのであろう。おばあさん世代のガイドを見て、テンションが急降下したのが傍目にもはっきりとわかった。

あからさまに落胆の色を見せる生徒たちをフォローするつもりなのか、「お前

東京で待ち受ける仕事　経費削減のためであろう、これが意外に多い。教職員と生徒合わせて２００人もの集団の東京までの移動を、社員２人でまかなっていた旅行会社もあった。しかし、バスを使ってのクラス別行動となるとそうはいかなくなる。その修学旅行では翌日、バス５台に分乗する段になって、その要員として添乗員が５人集められた。

バスガイドの業界　修学旅行の仕事が多い大手のバス会社は、今でも

たち、たった3日のシンボーだ。ガマンしろや」と先生が声をかけた。

無神経で非情な言葉にも、ガイドは笑顔をたやさなかった。おそらくこうしたガッカリ現場にも慣れっこになっているのであろう。

やがて一行はバスに乗り込み、ガイドの話が始まった。東京の名所を案内するガイディングは、年季が入っていてさすがであった。生徒たちも名調子に、次第に引きこまれていった。

驚きかつ感心したのが、孫ほど年の離れた生徒たちと同じ土俵で話ができることであった。AKBがどうした、K－POPがどうしたと、生徒たちからふられるすべての話題に当意即妙に対応していった。いずれのテーマも勉強不足の私には、チンプンカンプンの話題であった。

さらに特筆すべきは、ユーモアのセンスが抜群だったことだ。笑いを引き出す話芸がたくみで、先生や生徒たちとの掛け合いも盛り上がり、バス内は何度も爆笑の渦につつまれた。

いつしかおばあさんガイドは、生徒たちの心をすっかり捉えていた。私はわがことのようにうれしく、また誇らしかった。


若いバスガイドがたくさんいる。だが、需要そのものが激減している現在、バスガイドが在籍していないバス会社も少なくない。そうした会社はバスガイドが必要になると、派遣会社から回してもらっている。

彼女は出会った瞬間の大幅なマイナスからのスタートを、たった数十分のうちに自らの技量でプラスに転じたのだ。まさにプロ中のプロの技であった。

次は傑出した能力を持っていたドライバーの話をしたい。そのドライバーとはゴールデンウイークの最中に、東京を出発して山梨へ行く日帰りツアーで、仕事を組んだ。

中央高速道路は、絶望的なまでに車であふれかえっていた。この時期なので仕方がない。

それでドライバーは、混雑状況を横目でにらみながら、高速道路を走ったり、一般道路を走ったりと、臨機応変に運転していった。

そこまではほかのドライバーでもよく使うテクニックである。しかし、トイレを利用した際に駆使した裏ワザは、この人ならではのものであった。

混雑のピークに高速道路のサービスエリアのトイレ*を使うと、待ち時間などで１時間近くかかってしまうこともある。

それで彼は、サービスエリアの手前で高速道路を降りた。そして一般道を走っ

サービスエリアのトイレ　バスが高速道路を移動中は、サービスエリアまたはパーキングエリアでトイレ休憩をとる。しかし、

て、サービスエリアまで行き、バスを停めた。バスから降りたドライバーは、商品の納入業者が出入りするルートへ、ツアーの参加者を案内した。そこからサービスエリア内へと導いて、トイレを利用してもらった。

反則スレスレの裏ワザである。しかしそのおかげで、ツアーの一行はすみやかに用を足すことができた。

その一例が示すがごとく、彼は渋滞をすり抜けるテクニックをたくさん身につけていた。

凄腕ドライバーの機転によって、ゴールデンウイーク真っ只中という、添乗員にとってもっとも難しい1日をなんなく切り抜けることができた。

こういうプロ中のプロの仕事ぶりを目にすると、仕事の疲れも吹っ飛んで、私はうれしくなる。口に出す出さないは別にして、彼らの仕事への誇りを感じるからだ。

どのような場面においてもその仕事への誇りを感じさせる姿勢は尊い。その姿に触れられることは仕事をする上での大きな喜びではないだろうか。

ゴールデンウイークなどはそこへ入るまでに大渋滞が起きてしまう。一刻を争う人は渋滞の中、バスから降りてサービスエリアまで必死の形相で走って行く。

某月某日　涙の「ペッパー警部」：養護施設、日光江戸村１泊２日

軽度の知的障害者が通う養護施設の団体旅行の仕事をしたことがあった。

朝、施設へ行くと、バスの出発のだいぶ前だというのに、職員と入所者が集まっていた。旅行を前にして、入所者たちは興奮気味であった。

養護施設と聞いていた私は、10代から20代をイメージしていたが、実際に現地に行ってみると年齢層は思いのほか高かった。だいたい若くても30代から、多くは50代といったところだ。

やがて見慣れない存在に気づいた入所者たちは、私を取り囲んだ。そして質問攻めとなった。

「名前は何ていうの？」「年はいくつなの？」「どうしてここにいるの？」「一緒に旅行に行くの？」など、次から次へと質問の矢が飛んできた。

そうこうしているうちに、バスの出発時間となる。からくも質問の嵐から脱出

することができた。

仕事そのものは、いつもと変わらない。江戸時代をコンセプトにしたテーマパークが行程に組み入れられていた。入口で手続きをして、職員にチケットを渡す。

チケットを手にした職員と入所者たちが組になって、グループごとに別行動となった。入所者たちはうれしさを全身からにじませて、パーク内の各所へ散っていった。

テーマパーク最大の呼びものは、忍者ショーであった。ショーの時間に合わせて、再びグループが集まって、団体で鑑賞した。

ショーが始まると、ステージのところせましと、忍者たちが飛び跳ねた。そして一挙手一投足に、入所者からヤンヤの喝采が送られた。それが通り一遍の拍手ではないのだ。彼ら彼女らは本当に心の底から感心し、喜び、忍者に拍手を送った*。傍にいても、そのことが伝わってきた私は胸が熱くなった。尋常ではない反応に、きっと忍者衆もやりがいがあったことであろう。

一行はテーマパークをあとにして、早々と宿入りする。そして温泉三昧のあと、

忍者に拍手を送った
このとき訪れたのは栃木県日光市の日光江戸村。同様に忍者ショーなどを売りにしたテーマパークとしては京都市の東映太秦映画村も有名。添乗員として両方とも幾度も訪れている立場としては、ショーの迫力という点では太秦映画村が優るか。

宴会となる。

途中からは入所者たちによるカラオケ大会となった。

私はリクエスト曲を機械にセットする役となった。入所者たちは次々に私を取り囲んで、「次はこれね」と口々に訴えてくる。私は再びモテモテとなった。

私は「ひとりずつね。順番、順番」となだめすかしつつ、曲をセットしていった。しばらく、てんやわんやとなる。

自らがリクエストした曲が流れるや、入所者は張りきってステージにあがった。上手、下手は別にして、熱唱につぐ熱唱である。ただのひとりとして、気負いとか照れはなかった。ただひたむきに歌の世界に没入していく姿は人に訴える力があった。

音程は外れ、歌詞もところどころ間違いながらも、あまりにもひたむきに一生懸命に歌う姿に、私は胸がいっぱいになり、目頭が熱くなってきた。それを気取られないようにしながら、入所者たちからのリクエストに応えていった。

そうして宴も終わり近くになったころ、「ペッパー警部」のイントロが流れた。待ちに待ったという感じで、それまでずっとおとなしく座っていた50がらみの初老の女性がステージに駆けあがっていった。

「ペッパー警部」は、昭和の伝説的な女性アイドルコンビ・ピンクレディーの衝撃的なデビュー曲である。彼女たちはデビューからヒット曲を連発して、いちやく時代の寵児(ちょうじ)となる。2人組の大胆な大股開きの振りつけはその当時、大きな話題となった。

ピチピチのアイドルが演じた、あられもない一連の動きを、初老の女性が恥ずかし気もなく、皆の前で堂々と披露しているのだ。

年がいもなくという言葉がある。まさに彼女は年がいもなく、ピンクレディーに成りきっていた。それを見る観客たちもみな、冷やかすことも茶化すこともなく、熱心に見守っていた。美しい光景だった。

アップテンポのノリのいいメロディーが流れる中、業務のことを考え、ギリギリのところで踏みとどまっていた私の涙腺は崩壊した。もう理性では制御不能だった。次々に涙があふれ出てとまらない。

幸いだったのは、リクエスト攻めから解放されていたことだった。職員も入所者も全員、ステージ上の熱すぎる歌とアクションに目が釘づけで、私のことを気にする人はいなかった。

入所者たちに見つかろうものなら、「どうして泣いているの？」「何か悲しいことでもあったの？」と、再び質問の嵐となっていたであろう。

某月某日　スキルアップ：添乗員業界で働くためのいくつかの条件

添乗員としてデビューする直前、日帰りバスツアーに、見習い*として参加したことがある。ツアー参加者にも「見習い添乗員として同行させていただきます」と説明し、先輩添乗員の仕事を間近で見学させてもらった。ヒヨッコ添乗員の手本となるだけあって、仕事ぶりはさすがにテキパキしていた。

自分ははたして先輩のように、多勢の人の前で堂々とマイクで話せるのか、不安がつのった。

だが私はまだ、不安になることができただけ、恵まれていた。同業の人の話を聞くと、研修もなしに、いきなりぶっつけ本番で仕事をしたという人もいた。

見習い
通常、添乗員としての経験がない場合には、評判の良い添乗員の見学をする。添乗員の見習いはその程度だが、ドライバーはより念入りだ。先輩の指導のもと、何度もハンドルを握ったあとでデビューとなる。人の命を預かる仕事なので、当然といえば当然。

旅行業界は春と秋のピークには、猫の手も借りたいほど人手が足らなくなる。猫よりも、右も左もわからない新人のほうがまだマシということなのであろう。経験者を対象にした、スキルアップの旅もあった。そのときは20人ほどの添乗員が、山梨への日帰り研修ツアー*に参加した。

こちらは添乗員だけのツアーである。20分くらい交代で、同業の仲間を相手に観光地の説明などの添乗業務を行なった。

交代で行なった添乗業務に対して、派遣会社の所長が気づいたことをアドバイスしてくれた。私が受けた指摘は、話の合間に「エー」や「アノー」を連発*し、聞き苦しいということであった。以来、話の合間によけいな言葉をはさまないよう、気をつけるようにしている。

そのことがあって、話すことを生業(なりわい)としている人の話し方を注意深く聞くようになった。

さすがにテレビやラジオのアナウンサーや司会者で、「エー」や「アノー」をはさむ人はいない。けれどもスポーツ中継で、解説を担当している元プロのプレイヤーに多いことを発見した。かつての自分の話し方はこうだったのかと苦笑し

日帰り研修ツアー　われわれはいつも見ず知らずの人を相手にして、案内業務などをしている。それがこの日ばかりは、仲間内での添乗員ごっこである。気恥ずかしいこと、この上なかった。

話の合間に「エー」や「アノー」を連発　研修ツアーで指摘を受けるまで、自分にそういうクセのあることを知らなかった。そのクセを自覚することができただけでも、恥ずかしいツアーに参加した意味があった。

てしまった。

ところで、添乗員の資格取得は国内ツアーに関していえば、ハードルは低い。したがってやる気さえあれば、だれでもなることのできる職業である。しかし、向き不向き、適性というものは当然ある。

以前、ある新人添乗員から、アンケートのことで相談を受けたことがあった。ツアーで回収したアンケート用紙の添乗員評価が毎回、ほとんど「不満」や「やや不満」で、所属する派遣会社から注意を受けたという。

30代の女性であったが、彼女から受ける印象は暗かった。表情や話しぶりをはじめ、全身から陰鬱（いんうつ）オーラを発散させていた。

自分の経験も含め、私は彼女にこうアドバイスした。

「参加者は楽しいひとときをすごすため、時間を作り、お金を払って、ツアーに来ているんだ。だから添乗員は楽しい雰囲気づくりをするのも、大切な仕事のひとつなんだよ。添乗業務では、とにかくどんな些細なことでも人を喜ばそうという自覚を持って臨んでみたら」

もっとも人を喜ばせるといっても、人にはそれぞれ持ち味がある。自分のカラーで楽しませればいいのだ。

ある町内会の日帰りツアーのこと。2台のバスを連ねての旅行であった。昼食となり、バスが食事処の駐車場へ入った。食事会場は2階で、私ともうひとりの女性添乗員がエレベーターの乗り場で参加者を誘導した。

バスから降りた参加者たちは、エレベーターの前で列を作った。その列に酒を呑んでフラフラの老人と、小学生の孫が並んだ。老人は周囲の人にクダを巻いていた。

その様子を見ていた相棒の添乗員は、孫に向かって「坊や、おじいちゃんみたいな大人になっちゃダメよ」と言った。これにはドッと笑いが起きた。言われた当の老人さえ、大笑いであった。

この相棒は同じ派遣会社に所属していた。彼女は舞台俳優志望だが、当然それだけでは食えず、公演の合間に添乗員をして稼いでいた。聞くところによると、水商売の経験も豊富で、酔っぱらいの扱いには慣れっこだという。

何よりも彼女は性格が明るく、人を愉快にさせる天性の素質を備えていた。この発言も彼女だからこそ受けたので、まったく同じことを別の人が言ったら、老人は怒ったかもしれない。万人が使えるマニュアルなど存在しないのだ。

話を元に戻すと、私に相談をした女性添乗員はほどなく業界から去っていった。この業界には続々と人が入ってくる。一方で、すぐに辞めてしまう人も多い。適性の合わない人、業務のきつさに耐えられない人、人に頭を下げることのできない人、収入の少なさに不満を持つ人などなど、理由はさまざまである。本書を読んでなおやってみたいと思う人がいれば、ぜひ自分の持ち味を生かして羽ばたいてほしい。

某月某日　出入り禁止：金髪の若者に教えられたこと

駆け出しのころ、冬になるとスキーの仕事をよくした。早朝に千葉県柏市を出発し、終日スキーを楽しんだあと、22時ごろに柏に戻る日帰りツアーだ。

ツアーの参加者には、自前のスキー、スノーボードを持参した人たちと、それらをレンタルで予約した人たちがいる。

前者はバスがスキー場に着くと、すぐに自由行動となる。あとはバスの出発時間まで、各自でスキーやスノーボードを楽しんでもらう。温泉施設も隣接しているので、楽しみ方はいろいろだ。

後者はスキー場の受付に行って、予約どおりにスキーやスノーボードが用意されているのかをチェックする。私もレンタル組に一緒について行く。

サイズが違うなどの間違いが多くて、たいていすんなりとはいかない。それでも用具が完全に揃った人から、ポツリポツリとゲレンデへ向かって行く。

そうしてすべての人の装備が整ったら、私の業務はいったん終了となる。添乗員としてはそれほど難しい仕事ではないので、初心者向きというわけであった。

バスが出発するまでは、添乗員は待機の時間となる。それでも、参加者が万一、ケガをするなどのアクシデントに備えて、スキー場のどこかにいなければならない。

スキーの仕事はたくさんこなしたが、運が良かったのか、その手のアクシデントに遭遇したことはなかった。

そうなると待機の時間*は、実質的にまるまる休憩となる。暖かい室内で読書が

待機の時間
添乗員は参加者がスキーをしている間、スキー場

たっぷりできるというわけで、スキーツアーの仕事は大好きだった。

ゲレンデで半日ほど、思う存分に楽しんできた参加者たちは、やがて出発時間に合わせて、バスに集まってくる。

そうして全員が集合したら、バスは出発。朝、バスに乗った場所で、参加者の全員に降りてもらうと、添乗員としての業務は完全に終了*となる。

先にも触れたが、旅行会社が募集する通常の団体ツアーの参加者は、年齢層がかなり高い。

けれどもスキーツアーに限っては、20代、30代の若者や、子どもをつれたファミリーなど、いつもとガラリと変わった年齢構成となる。

ある年の年末のスキーツアーもその例に漏れず、若者グループが多かった。その中にひときわ目立つ、金髪や茶髪の派手なグループがいた。

そのグループがバスを降りるとき、代表してひとりが「添乗員さん、今日はありがとうございました。おかげさまで一日、楽しくすごすことができました」と丁寧なあいさつをしてくれた。

彼からそんなことを言われると思っておらず、虚をつかれた格好の私はあたふ

にいなければならない。その間も、勤務時間なのである。けれどもその間のことについては、特に何の指示を受けてもいない。要はいること自体が仕事なのだ。

添乗員としての業務は完全に終了
日帰りのツアーだと、朝、ドライバーと打ち合わせをするところから、業務がスタートする。そして参加者全員がバスから降りた時点で業務終了となる。ただツアーが本当の意味で完全に終了となるのは、旅行会社でツアーの精算が終わった時点である。

たしてしまった。

20代前半であろう若者たちの後ろ姿を見送りながら、自分がその年齢だったころのことを振り返った。

サービスを提供してくれた人に対して、はたして自分はそのような礼の言葉を述べたであろうか。

社会的に成功した人が、何かのはずみで転落してしまう。するとそれまでチヤホヤしていた人が、手の平を返したような態度を取るということはよくあることらしい。

ことほどさように、人間は利のある人、立場の上の人に対しては笑顔をふりまいて、近寄っていく。そして、往往(おうおう)にして、立場の弱い人や目下の人に対して、人間は本当の顔を見せるものである。

添乗員、それも派遣会社に所属する「派遣添乗員」という立ち場で仕事をしたからこそ見えた〝本当の顔〟というのもたくさんある。

今まで一番悔しい思いをしたのは、ある旅行会社を出入り禁止になったことである。特に業務上で失敗をしたわけではない。

添乗員は、添乗業務が終了したのち、報告書*を旅行会社に提出する。そのときに私が請けた仕事は、温泉旅館に参加者を送迎するというものだった。それだけの業務なので、報告書といってもたいして書く内容などないのが実情だった。

私は業務の概要を端的にレポートして報告書にまとめた。そして、精算時に旅行会社に持参して提出した。

ところが、大学を出たばかりと思われる20代前半の旅行会社の担当者は、その報告書にざっと目を通すと、「こういう報告書、困るんですよね」と言った。呆然として黙っていると、彼は「小学生レベルですよ」と吐き捨てた。彼はすぐ立ち去ったが、私はしばらくそこに立ち尽くした。

その後、彼は派遣会社へ、クレームの電話を入れてきた。その電話でも私の報告書が小学生レベルだと酷評したという。これにより、私はその旅行会社から添乗員失格の烙印を押されてしまった。

虫の居所が悪かったのか、それとも私の報告書がそんなにも低レベルだったのか。

なぜ？というのが率直なところだった。原因はわからず、その切り捨て方には

報告書
募集型の団体ツアーでは、添乗員は必ずツアーの報告書を書き、旅行会社に提出する。ただし報告書の様式は、会社ごとに異なっている。けれども消化したスケジュールをはじめ、ツアーの問題点や感じたことなど、内容はほぼ同じである。

納得いかず、悔しくて仕方なかった。

こういう経験をしたことで、逆に弱い立場から人を見ることができたのは、いろいろな意味で大きな財産となった。

あの金髪の若者はどんな立場の人に対してもあのような態度で接しているのだろうか。今でも時折、あの若者の姿をなつかしく思い出すことがある。

第4章

旅行業界残酷物語

某月某日 **引っ越し**：年金15万円弱の温泉ライフ

私は3年前に、千葉県柏市から、群馬県前橋市に引っ越した。柏市には家を建てていたのにである。

その家は妻の実家の敷地内に建てたものであった。ところが、妻と両親の仲がうまくいかなくなってしまったのである。

そもそも家を建てたのは、20年ほど前にさかのぼる。第1章で述べたとおり、当時、私は塾の講師の傍らライターをし、収入もある程度安定していた。私たち一家4人は団地に住んでいたが、子どもたちが中学生となり、手狭になってきたので、ファミリー向けのマンションを買おうということになった。

妻の両親のところへ、相談に行った。すると、妻の両親から「それならば私たちの土地に家を建てて一緒に住まない？」という提案を受けた。

妻の実家はJR柏駅から徒歩10分ほどで、敷地は80坪あった。立地条件は申し

分なく、私たちにとっても、渡りに船の話であった。

しかし、一緒に住み始めてみると、妻と両親の仲は、年を追うごとに悪化していった。引っ越しをする2、3年前からは、妻はそのことが原因で夜もろくに眠ることができないと、心身の不調を訴えた。

もともと妻は、両親とはウマが合わなかったようである。もっと言ってしまえば、妻に言わせれば、両親は偏ったところがあり、良い感情は持っていなかったようである。

結婚して両親の元を離れ、そういう感情も薄れてきたところでの同居話であった。少し抵抗はあったものの、家族のために家を建てられることが頭を占めていた。

しかし、実際に同居を始めてみると、それまでの歳月の間に積もり重なったさまざまなものが噴出して、我慢の限界というところまで来てしまった。

心の病に苦しんだ妻は、このままこの家に住み続けていると、両親に対して何をしでかすかわからない、とまで言うようになった。

妻が精神的にそこまで追いつめられているのならと、私も家を出る決心をせざるを得なかった。せっかく建てた思い入れのある家ではあったが、何かあってからでは遅い。そうして私たち夫婦は家を出ることになった（ちなみに私たちが柏の家を出て2年後、妻の父親が他界。現在、遺産相続劇が繰り広げられている）。

柏に住んでいたころ、私たち夫婦は温泉が好きで、年に数回、群馬の温泉地へ出かけていた。それでマイホームと別れ、借家住まいとなるのなら、せめて大好きな温泉のある土地へ住もうということになった。

そうして温泉旅行のついでに、群馬県内の貸家を見て回った。そこで出合ったのが、今住んでいる3DKの公団住宅である。家賃は4万円だ。

娘2人はすでに結婚して、独立している。老夫婦2人で暮らすには、十分な広さである。30分から1時間ほど車を走らせれば、いろいろな温泉場へ行くことができる。柏に住んでいたときは温泉は旅行中に楽しむ「非日常」のものであった。群馬に引っ越した今は生活の中で楽しむ「日常」のものになった。これがこの地に住む最大の魅力*だ。

柏を引っ越すとき、当時登録していた派遣会社を辞め、現在は新聞社系列の旅行会社で、添乗員の仕事を続けている。

この地に住む最大の魅力 草津、四万（しま）、伊香保という名温泉地へ車ですぐに行くことができるのが、この地に住む最大のメリット。柏にも地下をボーリングして汲み上げている温泉施設があった。しかし、群馬の温泉とはモノが違いすぎる。

暮らしぶりというのは千差万別、人それぞれである。豪奢（ごうしゃ）な生活が身について、たくさんの収入があっても足りず、借金を重ねる人がいる。私たち夫婦の生活はまったくその逆だ。生活費がほとんどかからない、質素な生活を送っている。

夫婦２人で、年金は合わせて月15万弱。私の添乗員としての稼ぎが月10万円程度。さらに妻のパートの６万円を加えたのがわが家の全収入となる。われわれにはこれで十分だ。食べものは基本的に粗食。趣味は２人揃って読書に映画と音楽の鑑賞。つまり現実を離れた世界に遊ぶのが好きなのである。

現実の世界では、赤城山に流れる雲を仰ぎながら、利根川沿いに整備された散策道を散歩する毎日である。そして、近隣の温泉地まで小旅行をし、温泉で夢心地というのが、人間音痴の私たち２人にふさわしい、人生後半の日々である。

ただ現代において、60代というのはまだまだ若い。私も妻も身体にガタはきているものの十分に働ける。余生をすごすという年でもないし、時代環境でもない。添乗員の仕事もお呼びがかかるうちは、可能な限り続けていきたいと思っている。

私は66歳の青春を謳歌している真っ最中である。

某月某日 **あぶない一線**：「疲れ果てる」を超えた旅行会社社員

ある旅行会社からイベントの仕事を請け負ったときのこと。指定された打ち合わせの日時に会社へ行って、担当者と顔を合わせ、驚いた。30歳前後と思われる若い担当・松宮は、疲れ果てるというレベルをとうに超えているような顔をしていた。いわゆる心の病を抱えているのでは、と思わせるただならぬ様子であった。

そういう外見に接して、私はたじろいだ。これから打ち合わせなのだが、この人、ホントに大丈夫なのだろうか……。

そんな私の動揺におかまいなく、彼は「レジュメをようやく今、作り終えたんですよ。でも時間が足りず、申し訳ないんですけど、まだまとめられていないんです」とうつろな表情で言った。

レジュメというのは、イベントの運営マニュアルのことである。旅行会社は、実際にイベントを行なう会社から、運営を委託されているのだ。運営を委託された旅行会社が運営マニュアルを作成し、それをイベント会社に提出することになっている。

その日は旅行会社で、同社の正社員である松宮と、派遣社員である私が打ち合わせをする。それから2人で先方のイベント会社へおもむいて、レジュメをもとに向こうの担当者とさらなる話し合いを持つ予定であった。

その打ち合わせに持参するレジュメがまだ完成していないというのだ。文書はなんとか作り終えたものの、人数分をコピーし、綴じる時間がなかったという。

時間に余裕はない。もう打ち合わせどころではなかった。疲労困憊し、うつろな表情で、動きもなぜかスローモーな松宮にかわって、私がレジュメの最後の仕上げをすることにした。松宮は茫然としてそれを眺めていた。

われわれ2人はぎりぎりセーフで、イベント会社の担当者との会合時間に駆け付けることができた。イベント会社の担当者も、松宮の外貌を見て、明らかに戸惑いを見せていることが伝わってきた。私も不安なのだ。彼もさぞ今後のことが不安だっただろう。

それから数日がすぎ、いよいよイベントの前日となって、旅行会社から私に電話連絡が入った。

松宮が急遽、交代することになったという。仕事をそのまま引き継いだという人からのあいさつの電話であった。

新しい担当者は、自分が担当になったということを告げ、前任の松宮のことについて一言も触れなかった。そして、イベントの確認事などについて淡々と説明していった。気にはなったものの向こうが何も言わない以上、こちらから言及することはできなかった。

松宮は〝一線〟を超えてしまったのだろう。

そういうあぶない一線の近辺にいる人*は、社会が複雑になるにつけ、どんどん増えてきた。過労死という、いたましい最後を遂げる人のニュースを知らされても、私たちはもうそれほど驚きはしない。自殺が交通事故死よりもはるかに多いというのが、わが国の現状である。

かねてから私は日本の社会にある種の息苦しさを感じていた。けれどもしょせん世の中とは、そして生きていくということはそういうものだと観念していた。

あぶない一線の近辺にいる人
添乗員になりたての私にいろいろなことを親切に教えてくれた、面倒見のいい先輩は50歳そこそこで帰らぬ人となった。ツアー中のパリで、朝の出発時間になっても添乗員が集合場所のホテルのロビーに現れない。ホテルのフロント係が部屋を訪ねると男性が床に倒れていた。先輩はコートを羽織り、今まさに出かけよしかし、イタリアを訪れて、現地在住の日本人ガイドの話を聞いて、考えが変わった。

ガイドによれば、イタリアではサービスを提供する人はいいかげん。* そのかわり、その人がサービスを受ける側に回っても多くを求めたりしないそうだ。

要するにイタリアの人びとは、ほどほどということを心得ているのだ。

その逆が、日本かもしれない。サービス業に従事する人は、最上のサービスを提供すべく努力する。サービスはどこまでも追求され続け、果てしないところまで進んでいく。そして、同じ人がサービスを享受する側に回ったとき、恐ろしいことが起こる。自分が提供したサービス以上のものを求める。この果てしないループにより、サービス合戦はとめどなく加熱していく。

派遣添乗員の世界はまさにそれを具現化しているといえるかもしれない。

うとしている臨戦態勢で無念の死を遂げていた。心筋梗塞だったという。

イタリアではサービスを提供する人はいいかげん　海外のサービス現場に接してきた私に言わせれば、日本のサービスのレベルは、まちがいなく世界でも一級品である。しかしそのために失ってしまったものは、はかりしれない。

某月某日　添乗員は見た！：旅行会社の企業風土

私の添乗員生活は、ある新聞社系列の旅行会社からスタートした。その会社と直接に契約し、週に1回程度のペースで添乗員として働き始めた。1社目のこの会社には2年ほどお世話になった。

その会社の仕事は、関東近郊への日帰りツアーが多かった。私は日本各地へ出かける仕事につきたかったこともあり、別の派遣会社に入り、本格的に添乗業務をするようになった。2社目となる。

そのころ、私は同年代の、違う派遣会社に所属する男性添乗員とよくペアを組んで添乗業務をした。彼によればその派遣会社は仕事量が多く、仕事内容もバラエティーに富んでいた。彼の口ききで私は3社目の会社へ移ることにした。

新しく入った派遣会社は、業界最大手の旅行会社の仕事が多かった。回ってくる仕事は、一般の募集型団体ツアーをはじめとして、受注型の社員旅行や修学旅行が多かった。またイベントの仕事や海外ツアーの仕事もするようになった。

その後、前述したとおり、千葉県柏市から群馬県前橋市へと引っ越したのを機に、その派遣会社を辞め、今は添乗員生活をスタートした新聞社系列の旅行会社で仕事を続けている。ただし東京の派遣会社とは完全に縁が切れたわけではない。人手が足りないときなど、年に数回、応援に駆けつけている。

このように私は派遣会社の添乗員として、いろいろな旅行会社で仕事をしてきた。旅行会社とひとくくりに言っても、それぞれの会社には、独自の企業風土がある。

〝添乗員は見た！〟の視点から、それぞれの会社を、独断と偏見をまじえて論じてみたい。

まずは関東地区の日帰りバスツアーでは最大手のQ社である。

テレビのコマーシャルでも宣伝しているので、ご存じの方も多いはず。この会社は企画力が抜群で、幅広い旅行商品を揃えているのが魅力である。

添乗員にとって、ツアーの内容や行程を記した指示書は非常に重要なものだ。

スケジュールと立ち寄る施設の電話番号のみというまことにそっけない指示書を出す会社もある中、この会社の指示書は非常に充実している。きちんとした指示書は、添乗員側にとっても親切である。その点においても、ピカイチである。

しかし、困った点もあった。長時間労働ということで言えば、旅行業界はどの会社もすさまじい。そして、その中にあっても、Q社は群を抜いている。

そのせいであろう。ツアーの準備や精算で会社に行くと、疲労のにじむ社員から、ピリピリした空気が伝わってくる。そのため社内の雰囲気も殺伐としていて、時折お邪魔するだけの私まで気が滅入ったものだった。

そういう社風だからなのか、上から目線の社員も多く、派遣添乗員の私は居心地が悪かった。会話がぞんざいであったり、指示がおざなりであったり、対応の端々に社員の姿勢は現れるものだ。こちらもそうした空気を感じ取るから、どうしてもそういう社員とは、仕事上の必要最小限の会話しか交わさないようになる。

対照的なのが、わが国を代表する新聞社系列のP社だ。こちらは、社内の雰囲気がほんわかとしていて、とても居心地がいい。

ツアーの打ち合わせをしていても、担当者と添乗員がとてもフレンドリーな関係である。だから、仕事以外のことでも冗談を言い合うようなこともあった。Q社とは社内の空気がまるで違っていた。

ところが、このＰ社、肝心要（かなめ）の旅行商品がいただけない。

ツアーの参加者に「おたくの会社は行きたいと思わせるツアーがないよね。だから本当に行きたいところへは、悪いけれどもよそで行ってるよ」と言われたことがある。

じつに的を射た指摘だと思う。Ｐ社の致命的な欠点は、企画が陳腐かつマンネリで、独創性というものがほとんど感じられないことだ。毎年毎年、同じような内容のツアー*が性懲りもなく販売されている。添乗員の立場から商品を見ても、「もう少し工夫しろよ」と思うくらいだ。もちろん、口に出しはしないし、社員に忠告するようなこともないが……。

私がもっともお世話になっているのは、最大手のＲ社である。Ｒ社は世間でいうところの、いわゆる一流企業である。そのためほとんどの社員が育ちのよさそうな人ばかりである。打ち合わせなどで社員と話をしても、上品な物腰で応対してくれる。

同じような内容のツアー
旅行商品の内容が陳腐かつマンネリならば、多くのユーザーから敬遠されると思うだろう。それが必ずしもそうではない。もちろんマンネリツアーにゲンナリという人もいる。その一方で毎年毎年同じ場所に、喜々として出かける人がいるのも不思議な事実なのだ。

R社は経費の面でもおおらかなところがあった。たいていの旅行会社は経費を1円でも切り詰めようとして細かなところまで制約がある。ところがこの会社は、あまり細かいことにはこだわらない。だから添乗員としても気持ちよく仕事をすることができた。

R社は団体旅行＊はもとより、イベントにも力を入れている。というよりも収益の大半は、会社の展示会やパーティー、スポーツ大会などのイベントだそうである。そのためにツアーにおける添乗業務はもちろん、ツアー以外の仕事も数多くこなした。ツアーの合間にイベントの仕事が入るのはよい気分転換になった。

学生の就職人気企業ランキングにも顔を出す大きな会社だけに、社員は有能な人ばかりである。しかし中には、なぜこの会社にこの人がいるのとタメ息をつきたくなる社員＊もいたりする。

某月某日　宴会係の告発：宴会が大荒れする3つの職業とは？

団体旅行
ある旅行会社の社員によれば、募集型の団体ツアーは、それほど儲からないそうだ。団体旅行の中で儲けが多いのは、修学旅行だという。

タメ息をつきたくなる社員
1章の「忍耐」に登場した猪野、前項「あぶない一線」の松宮はいずれもR社の社員であった。なぜか2年に一度くらいのペースで、トンデモ社員が担当者になってしまうのだ。

もう今では、社員旅行はめっきり少なくなってしまった。

しかし、建設業界は男の世界ということもあって、いまだに社員旅行を行なう会社が多い。そしてコテコテ系の宴会*もいっこうに昔と変わらない。

あるゼネコンの社員旅行のこと。宴会の打ち合わせに、私ともうひとりの添乗員・竹中、そして旅館の宴会係・飯山が顔を揃えた。

添乗員・竹中は50代半ばと思われる女性で、宴会係・飯山も50代後半の男性であった。

打ち合わせをしているうちに、話はいつしか変な方向にそれていった。２人は今の仕事が、イヤでイヤでたまらないという。

竹中は、添乗する前日には内臓が重くなり、次の日が来るのが嫌になるときがあると言う。まだ独り身らしい竹中は、ある程度金が貯まるまではしばらくこの仕事を続けるつもりだという。

飯山もそれに呼応するかのように、旅館の宴会係がいかにストレスが多く、つまらない仕事かを言いつのる。特に建築業関係の社員旅行は宴会が荒れるから困ると言った。

コテコテ系の宴会
ある建設会社の社員旅行では、宴会につきものの余興がすごかった。社員がマイケル・ジャクソンや美空ひばりに扮したのだが、衣裳ばかりか物真似まで芸人並みなのだ。私も仕事をしながら思わず見入ってしまうほどであった。

彼らの愚痴の言い合いは宴会の打ち合わせそっちのけで大いに盛りあがった。私は50歳をすぎ、転職をして添乗員になった口であり、この仕事を死ぬまでやりたいかと問われれば答えに迷うが、そこまで嫌いな仕事ではない。ここでは黙って2人の話を聞いていた。

彼らは仕事はイヤだけれども、年齢も年齢なのでおいそれと転職などできない、今の仕事より待遇のよい職場があるとは限らない、と意気投合し、互いに慰めあっていた。

最初は多少興味を持って聞いていたが、しまいにげんなりしてしまった。しかし、2人の愚痴の背景には、サービス業界の厳しい現実がある。

カスタマーハラスメントという言葉をご存じだろうか。サービス業の現場で、客がスタッフに理不尽な言葉を投げかけたり、行動をとったりして、困らせることである。現在、社会的な問題になりつつある。

ツアーでたびたび訪れる旅館がある。自然と宴会係の男性スタッフ・大槻と顔見知りになった。会えば世間話を交わすようになり、彼はこんな話をしてくれた。

その旅館には宴会場に隣接して、個人客用の食事会場がある。夕食時はとうにすぎ、ほとんどの客が食事を終えて、会場を後にしていた。そんな中、いつまでもチビチビと酒を呑んでいる２人組の中年男性がいた。夕食会場は翌朝、朝食会場へと衣替えをする。翌日の朝食の準備もあり、片づけをしなければならないので、女性スタッフが食べ終えた皿を運ぼうとした。

するとひとりが、まだ食事が終わってもいないのに片づけるのか、俺たちを追い出そうとしているのか、と怒り出した。そして、「責任者を出せ」と言う。責任者の大槻が呼ばれ、対応に当たった。ひたすら謝り続ける大槻に、２人組は30分にもわたって怒鳴り続けたという。大槻は、そのときのダメージがまだ癒えておらず、またいつか同じようなトラブルが起こらないかとビクビクするようになったという。典型的なカスタマーハラスメントであろう。

それでも、私に苦労話をしているうちに心が多少軽くなったのであろうか。さらに大槻はおもしろい話を聞かせてくれた。

宴会係には忌み嫌う３つの職業がある。理由は宴会が荒れに荒れるからだという。ベスト（ワースト？）スリーは、いずれも私たちの生活に密接に関係している、身近な職業ばかりである。

大槻曰く、1つ目は警察、2つ目は教師、3つ目が銀行員だそうだ。予約してきたのがこの職業の人たちだとわかると、「嵐の宴会」を覚悟しなければならないという。

いずれも安定していて、生活に不安を覚える必要などない職業ばかりである。要するに金銭的には恵まれた人たちである。

しかし、この職業を聞いて、私はハハーンと思ってしまった。というのもいずれも仮面をつけなければできない仕事だからである。

もっとも仕事となれば、ほとんどの人が仮面をつけている。人間音痴の私にしても、添乗業務のときには日常とは異なる顔をしている。

だがベストスリーの職業は、自分を律する度合いがきわめて強い。そのために仮面も堅牢にならざるを得ない。

アルコールによって堅牢な仮面から解き放たれると反動も大きくなるのではないか。その結果が、大槻が言うところの「嵐の宴会*」なのである。

添乗員は、人の素の顔を見る仕事だ。同じく、宴会場のスタッフは仮面の下の顔を見る仕事であり、そこには彼らならではの真理がある。

嵐の宴会
前出のような楽しい余興のある宴会ならいいが、酒に悪酔いして、クダを巻くのは最悪。また荒れた宴会では、裸になって暴れる人が出るのも特徴だという。

私も何度か「嵐の宴会」に遭遇している。

ある消防署の慰安旅行のこと。極めつけの〝男の世界〟ゆえか、出発地でバスに乗ったとたん、盛大な酒盛りが始まった。新人は一気飲みをさせられるなど、それはアブナイ車中となった。

本来の予定は２つの観光スポットに立ち寄ってから温泉旅館に入るというコースであった。

しかし、早々にデキあがった幹事は「旅館に直行！」*と私に命じた。バスは観光スポットをすっ飛ばして旅館へと向かった。午後２時前に旅館に到着。一行はおのおの部屋で呑み続けていたらしい。

日が暮れ、いよいよお待ちかねの宴会がスタートする。乾杯の音頭のあと、すでに完璧にデキあがっていた彼らは諸肌ぬいでの大盛り上がりとなった。そこへコンパニオンが登場。座はいよいよ最高潮に達する。

酔った勢いでコンパニオンにおさわりする人が出てくる。驚いたことに率先してやっているのが年輩の幹部たちであった。

旅館に直行！
こうした場合、予定されていた旅程があったとしても、幹事の鶴の一声ですべてが決まる。予定をすっ飛ばしてもまったく問題にはならない。ただ、逆に本来なかったスポットに寄ってくれなどという要望に応えるのは難しい。

さすがにお姉さんたちは慣れたものだった。酔っぱらいの痴態に動ずるふうもなく、「ひと揉み千円いただきます」などと言っていた。

翌日、疲れたのか一行はとても静かであった。* そして、アルコールの抜けきった〝男の世界〟はさっぱりしていて、それはそれは良い人ばかりなのであった。

某月某日　置き去りイスタンブール：とうとう現れなかった2人

お盆休みのトルコツアーであった。トルコでの観光を終え、ツアー一行は帰国すべく、イスタンブールの空港に到着した。全員が搭乗手続きを済ますと、いったん集まってもらった。

まだ出発までに2時間近くもあった。そのため私たちの飛行機の搭乗ゲートがまだ決まっていなかった。そこでいったん集団を解散して、自由時間*とすることにした。

ツアーの参加者には、モニター画面に表示される搭乗ゲートの確認の仕方を説

疲れたのか一行はとても静かであった　大きな声では言いづらいが、前夜の宴会終了後、幹部の一人が「添乗員さん、女を買いたいんだけど案内してくれない？」と直截に尋ねてきた。しかし、その分野は添乗員の業務の範疇外である。旅館の担当者に話をつないだ。その後、彼らは数人で夜の街にタクシーで繰り出していった。

自由時間　海外の空港で、飛行機の出発までに、時間がありあまってしまうことがある（特に乗り継ぎ

明。搭乗ゲートを確認の上、各自でゲートに来てもらうことにした。

参加者たちは最後の買いものを楽しむべく、いそいそと散って行った。私も適当に時間をつぶし、自分の乗る飛行機のゲートが表示されるやいなや早目にそこへ向かった。

搭乗に際しては通常、添乗員はツアー参加者が飛行機に乗ったことをチェックする。そのためであろう、同業とおぼしきそれらしき人たち*が搭乗口付近にいた。〝らしき人〟は私も含めて5人いた。搭乗口付近に人待ち顔で立っているのはまず添乗員である。

やがて各旅行会社のツアー参加者たちが、搭乗口に現れ、ゲートを通過して行った。〝らしき人〟もまた参加者たちが搭乗したのを確認し終え、順に機内へ消えていった。

私も早く機内のヒトとなりたい。そうなれば、ツアー業務もほぼ完了で、ホッとできるというわけだ。

だが、なかなかそうは問屋が卸してくれなかった。いよいよ〝らしき人〟は私だけとなる。

の場合）。そういうときは、自由時間にする。だがこれには意外な落とし穴がある。長旅の疲れで、待っているうちに寝こんでしまう人がいる。添乗員の心配のタネはつきない。

同業とおぼしきそれらしき人たち
だいたいそれらしい格好をしているので、すぐにわかる。違う旅行会社でも、たいていはあいさつを交わす。海外ツアーの添乗員はおおむね親切な人が多く、私の経験では、初心者のころなどはいろいろなことをアドバイスしてもらった。

いまだに現れない待ち人は、海外旅行が大好きという、30代の女性2人組であった。私はなおも首を長くして、待ち続けた。旅行慣れしている2人だけに、ギリギリになって現れるものと楽観していた。

出発の10分前となり、航空会社のスタッフから来るように促された。私はツアー参加者の2人がまだ来ていないことを告げる。彼女は電話でほかの部署に連絡した。それで私はとりあえず機内に入ることにした。

日本の航空会社は親切だ。出発時間の間際になっても搭乗しない人をスタッフが探し回る光景を空港でしょっちゅう見かける。だがここは日本ではない。そこまで期待できない。

出発時間になっても、2人はとうとう現れなかった。飛行機は定刻を少しすぎて離陸した。

国内外のツアーを通じて、参加者が乗り物に乗らなかったという異常事態*は、私にとっても初めてのことであった。

海外ツアーの帰国便では、特に問題がなければ、添乗員は激務の疲れもあって、ぐっすりと眠る。しかし、このときばかりはマズイことになったという思いが頭

異常事態
参加者が飛行機に乗らずということは、さすがに頻発するわけではない。だが同業者の話を聞くと、それなりにはあるようだ。以下は私が目撃し

を駆けめぐり、眠るどころか胃がキリキリと痛み通しであった。

気が動転していた私は大きなミスを犯していた。旅行会社のツアー担当者に連絡を入れるのが後回しになってしまったのだ。

ツアー参加者が飛行機に乗り遅れた場合、旅行会社によって対応の仕方が異なる。添乗員をそのまま飛行機に乗せて帰国させる会社もあれば、添乗員を現地に残して対応させるという会社もある。あとで旅行会社のツアー担当者からきつく注意されることになった。

後日明らかになったことであるが、２人は買いものにすっかり夢中になってしまったという。それで出発時間がすっぽりと頭からぬけ落ちてしまったそうである。

不幸中の幸いに、同じ日の同じ航空会社の便で関西空港行きの席に空きがあった。航空会社のはからいで、２人は帰国することができたという。

た事件の顛末。成田空港の旅行会社のカウンターで、私は自分のツアーの受付業務をしていた。そこへ別のツアーの添乗員からカウンターのスタッフに、「参加者が出発時間になっても搭乗口に来ない」と連絡が入った。カウンターはしばし、上を下への大騒ぎであった。結局、その人とは連絡が取れずじまい。その人を残して、飛行機は出発してしまった。

某月某日　インドの悪夢：人生最高のカルチャーショック

私の海外初添乗の仕事はインドであった。異国の地での初仕事ということで、緊張でコチコチになっていた。

ちなみに、海外ツアーの場合、行き先によって、準備は大違いだ。インドやトルコなど、現地で日本語ガイドがずっとつくツアーは、国内ツアーよりもむしろ楽なくらいである。何しろ現地ではガイドが何から何までやってくれるので、たいして準備をする必要もないのだ。

ただ、そういう国々へのツアーでは、私は現地でいつも以上に活発に活動するようにしていた。そうしないとツアーの参加者には、添乗員は何もしていないと映ってしまうからだ。楽な仕事には楽な仕事なりの難しさがある。

対してヨーロッパ方面のツアーは、添乗員自らが何から何までしなくてはならず、準備もたいへん*である。

準備もたいへん
ツアーというのは、どこ

話は戻って、私の初添乗であるインドへの旅。飛行機は定刻どおりに到着。外国人の客室乗務員の笑顔に送られて、空港へ降り立った。

インド人の日本語ガイド*が、われわれを待っていた。彼の案内で今夜のホテルへ向かう。デリーの旧市街に立つホテルは、日本で言うところのビジネスホテルであった。

ホテルは清潔感にとぼしかった。さらに街の騒音がやたらとうるさかった。海外初添乗の洗礼であった。

初海外の仕事で、気持ちが昂（たかぶ）っていた。それに加えて、不潔、騒音という悪条件が重なって、ほとんど眠ることもできなかった。

寝不足ではあったものの、いよいよという緊張感が勝って、張りきって朝を迎えた。ホテルからバスに乗りこむ。バスが幹線道路へ出たとたん、驚いた。

昨日は夜のこととて、空港からホテルへ向かう道路の様子はわからなかった。一夜明けて、目にしたのは信じられない光景であった。

自動車をはじめ、人、自転車、バイク、荷車、牛や馬などの家畜が、渾然（こんぜん）一体となって、道路を行き来しているのだ。しかもそういう無秩序な道路を逆走して

の国でも訪れる観光スポットがだいたい固定されている。したがって場数を踏めば踏むほど、準備にも時間はかからなくなっていく。

インド人の日本語ガイド　初インドのときのガイドは、日本語が堪能で、冗談でツアー一行を笑わせるほどであった。ただしガイドのレベルは玉石混交。日本語能力、ガイディング力など、ピンからキリまでいた。それはかの地を何度も訪れてから、わかったことであるが。

くる自動車まである。あまりのことに声も出なかった。

そのような道路をバスは平然と進んで行く。ドライバーは加速して、どんどんほかの車を追いぬいていく。この国の運転マナーなのだろう。追いぬく際にはド派手なクラクションをかき鳴らしていた。

日本の状況とあまりに違いすぎて、悪夢を見ているようであった。やがて平然としているインド人ガイドが、流暢（りゅうちょう）な日本語でインドの説明を始めた。状況のスリリングさに私の耳にはガイディングがろくろく入ってこなかった。

その後、盛夏に行ったツアーでは命がけの場所に遭遇した。バスで移動の最中、自動車が通るたびに炎が舞い上がっている地点があった。おそらくコールタールの質が良くないのであろう。それがモーレツな暑さで溶け、車の圧力がかかるたびに炎が上がっているのだ。

それでもこの国のドライバーは何のその。フルスピードで炎を巻き上げて、ビュンビュンと次から次へと通りすぎていく。もはやマリオカートの世界だ。

その危険な地点にわれわれのバスが来た。

どうするのかと、固唾（かたず）をのんで見ていると、さすがに多勢の命をあずかる乗務員は無謀なことはしなかった。

ドライバーとアシスタントの2人体制*の乗務員のうち、アシスタントがバスを降りたかと思うと、バスに積んでいた砂をまき始めた。炎は砂の下に隠れた。アシスタントは平然と乗り込み、ドライバーは顔色ひとつ変えずにバスを発進させた。

これまで私は添乗員として、いろいろな国を旅した。けれどもインドで受けた以上のカルチャーショックにはついぞ出合うことはなかった。

それでも人間というのは、どのような環境にも順応していくものである。何度もインドを訪れるうちに悪夢に不感症になってしまった。

やがてインドのベテランになった私は、初インドで強いショックを受けて、声も出ないでいる参加者を余裕をもって眺められるようになった。かつての自分を懐かしく思い出しながら、温かく見守っている。

ドライバーとアシスタントの2人体制
いろいろな国を旅したが、バスの乗務員が2人体制というのは、私の経験ではインドだけである（ただし長距離運転のためにドライバーが2人となることは国内外である）。道路状況が本文で述べたとおりなので、おそらく路上でいろいろなことが起きるのであろう。

某月某日　**宿泊客のいない旅館**：廊下にたたずんでいた妖婆

甲信越地方のある都市を出発地としたバスツアーのこと。

病院に勤務するスタッフが、東京のホテルでランチバイキングをとった後、芝居を鑑賞するという職場旅行の添乗業務であった。

予定どおりにスケジュールを終え、病院へ戻った。旅行会社の支店はそこから歩いて10分ほどのところにあり、ツアーの報告と精算のため、支店へ立ち寄った。

特にツアー中、問題になるようなこともなく、添乗金の精算をし、担当者からねぎらいの言葉をかけてもらって、仕事は完了となった。

支店からＪＲの最寄りの駅までは、目と鼻の先である。私は駅までの道を歩き出した。まだ宵の口だというのに、駅の周辺には人通りがぱったりと途絶えていた。

私が今いるのは、その県でも人口で上位に位置する市の、目抜き通りである。

それでいてこのような有り様*なのだ。もっと人口の少ない市町村となると、推して知るべしであろう。

私は関東や甲信越地方の都市へ出かけることが多い。そこで目にする光景は一様に悲惨なものである。

これもまた、そんな地方都市でのエピソードである。

団体旅行では日本の各地へ出かけ、出発地も各地にまたがっている。*出発地が添乗員の自宅から遠く、朝の出発時間に間に合わない場合、添乗員はツアー前日に出発地近くの宿に泊まる。それを私たちは「前泊（ぜんぱく）」と呼ぶ。

わが国には大小さまざまな旅行会社があり、各社に独自の企業風土が存在し、仕事のやり方も違っている。ところが、こと添乗員が前泊する宿となると、もののみごとに各社の足並が揃う。基準はただひとつ、宿泊料金が安いことである。

今はインターネットで、宿泊料金を簡単にチェックすることができる。添乗員の前泊場所を選ぶのは、旅行会社のツアーの担当者である。彼ら彼女らは、最安値の宿を探し、予約を入れる。

このような有り様
中小規模の都市の商店街の中にはシャッターストリートというレベルを超えて、ゴーストタウンと言いたいところもあった。前泊や後泊の折、食事をしようとすると、街全体が寂れてしまっていて、食べたいと思わせる店を見つけるのが困難なのだ。ようやくそれらしい店を見つけても、人の気配がなくて入りづらい。意を決して入ったら、味・サービスともにガッカリということが再三あった。結局、幹線道路沿いのチェーン店が無難ということになってしまう。

出発地も各地にまたがっている
関東地方をはじめ、甲信越地方も出発地のことがある。地方発のツアーで驚いたのは、バスの出発が４時や５時など、非常に早いこと。したがってたとえば前泊のため、私がＪＲの駅に降り立ったとしよう。駅前にはビジネスホテルが林立している。自分はその日、どこに泊まるのか？　こんなときは一番ボロいホテルを目指して行けば、まず間違いない。

私が添乗することになっていたバスツアーは、北関東のある神社の門前町が出発地であった。自宅から遠いので前泊することになった。

名の知られた大きな神社で、参道には土産物屋や食堂などが軒をつらねていた。私の泊まる旅館もその参道に立っていた。

旅館の前まで来た私は唖然とした。建物の汚れが目立つというレベルを超えて、旅館そのものが朽ち始めていたからである。

交通機関や道路網が整備されていなかった時代、この旅館は参拝客でさぞやにぎわったことであろう。だがそれも今は昔の物語であることを、外観が悲しく語りかけていた。

外だけではなく、中へ入っても驚きは続いた。応対に出てきた主人は80歳は優に超えているであろう、ヨボヨボであった。覚つかない足取りの主人の案内で2階の部屋へと案内される。

添乗員は早朝というより、夜中に目を覚まさなければならない。

階段や廊下の蛍光灯がチカチカ明滅していた。意外と広い館内はほの暗くて、ひっそりと静まり返っている。おそらくその昔は泊まりの参拝客のために多くの部屋が必要だったのだろう。今となっては無駄な広さがわびしさを増幅していた。ほかに宿泊客はいないのだろうか。

私と主人が歩くと、館内の至るところでギシギシと異音が鳴った。ただでさえ不気味なのに、その音がまた気味の悪さに微妙な味つけをした。

どのくらい人が泊まっていないのだろう、案内された部屋はうそ寒い空気に沈んでいた。

室内に古いタイプのポットがあった。気を取り直して、お茶を飲むことにした。ポットから湯を注ぐとカビのようなイヤな臭いがした。部屋もそうだが、ポットもまた久しく使われた気配がない。お茶はあきらめよう。

明日の早朝出発のツアーまではまだかなり時間がある。部屋にいると、気が滅入って仕方がない。

前泊の場合、添乗員は食事なしの素泊まりが基本*である。早々に明日のツアーの準備を済ませた私は外へ食事に出かけることにした。

素泊まりが基本
繁忙期にはその日の添乗業務を終え、深夜に前泊の宿に着く。出るのは早朝だ。そして宿で食事をする時間などない。

玄関に向かおうと廊下に出た私は、あやうく大声を出しそうになった。廊下に妖婆がたたずんでいたのである。

妖婆と見間違えたのは、よく見れば、白髪で腰の曲がった老婆であった。おそらく宿の女将であろう。ほの暗さとチカチカの明滅が女将を妖婆に変異させていたのだ。

肝を冷やした私は平静を装って、老婆に会釈した。とにかく外へ出て、酒を呑みたくなった。

私はほぼ毎日、晩酌をしている。とはいえ、ビール1、2本程度で酒量は多くない。このときばかりは酒の力を借りなければ眠ることはできないと考え、いつもより多く呑んだ。

2時間ほど居酒屋ですごしただろうか。あの旅館にはもう帰りたくない。しかし、私には明日、早朝からハードな仕事が待ちかまえている。早く布団に入って、身体を休めねばならない。重い気持ちを引きずって、私は宿へと戻った。

今度は主人も女将も姿を見せない。旅館全体が見事なまでの静寂に包まれている。泊まり客はどうやら私ひとりらしい。

自分はかなり神経の太いほうだと思っている。いつ、いかなる場所でも平気で眠れる。これは添乗員にとって、役立つ特徴である。

早々に布団に潜り込んだが、なにやら静けさが迫ってくる。酒の力を借りても、なかなか寝付けない。夢うつつのまま、夜中に尿意をもよおす。部屋にトイレはない。

チカチカ蛍光灯が照らしだす薄暗い廊下を歩いて、共同トイレへ向かう。相変わらず、どこからも物音ひとつしない。まったくの静寂だ。

子どものころ、夜にトイレへ行くのが怖かった。母親についてきてくれるようによくねだったものだ。久しぶりにその感覚がよみがえってきた。

結局、その夜はうつらうつらとしただけで、朝を迎えた。私は妙な疲れを引きずって、早朝バスツアーへ出かけて行った。

あれからもう、何年もの歳月が流れ去っている。怪奇ムードただようあの旅館は、はたして今でも営業を続けているのであろうか。

某月某日　天国と地獄：添乗員が泊まる部屋

「前泊」とは打って変わって、宿泊ツアーのほうでは、添乗員もツアーの参加者と同じクラスの部屋をあてがわれることが多い。

非常に稀なケースであるが、こんなに良い部屋に泊まっていいのということもあった。このケースは募集型ではまずなく、社員旅行などの受注型*ばかりである。豪華な団体旅行の一行が高級な宿に泊まる。ぜいたくのお裾分けとして、添乗員にも上質の部屋が回ってくるというわけだ。

高級な宿に泊まるツアーでも、募集型だとそのようなおいしい話はまずない（例外的に1回だけあった）。

値段の張る宿の場合、旅行会社は費用の問題などで添乗員を同宿させないことが多い。その場合には、ぐっとグレードの落ちる旅館かホテルへ行く。

旅行会社は極力、費用を抑えようとする。高級な宿で仕事をさせて、それから

受注型
受注型の豪勢なツアーでは添乗員にも、高級な宿のそれなりの部屋が提供される。そういう仕事を、われわれはご褒美ツアーと呼ぶ。そのうち数回は、「部屋の冷蔵庫の中はご自由に」と言われた。もちろん翌日の仕事にさしつかえない程度に「ご自由に」させてもらった。

泊まりの安宿へ長距離をタクシー移動となれば、宿代を浮かせた意味がない。だから添乗員は参加者を宿まで案内し終えると、そのままバスに乗って安宿へ移動、*というのがお決まりのコースとなる。

トルコにカッパドキアという、有名な観光地がある。そこに洞窟をくり抜いてつくった、個性的で人気の高いホテルがある。

部屋の一室一室がすべて手づくりで、異なった構造となっている。そのため添乗員が部屋を割りふらず、参加者に部屋のキーを選んでもらって決める。

運命の糸に導かれて、素晴らしい部屋になる人もいれば、いまひとつという人もいて、悲喜こもごもである。

もちろん添乗員には、部屋を選ぶ権利などない。ホテルの中でもきっともっとも人気のないであろう地下牢みたいな一室が私の部屋であった。息苦しくて、圧迫感がすさまじかった。

それでも洞窟ホテルの場合はグレードは最下層*とはいえ、ホテル本体の部屋である。日本の旅館では、別棟のすさまじい施設に回されたことが何度かあった。

もはや旅館とはいえず、簡素なプレハブ小屋である。隣の部屋の物音がつつぬ

バスに乗って安宿へ移動
個人的には、たとえボロくても、ツアー参加者と別の宿に泊まるのは大歓迎であった。ツアー参加者と一緒の宿では、いつ何か起こるのではというプレッシャーをつねに感じる状態なのだ。参加者を宿に案内した時点で、あとは宿のスタッフにおまかせで業務終了となるのは気楽でもある。

グレードは最下層
王候貴族が泊まるような最上のグレードから、私が一夜をすごした地下牢みたいな一室まで、それ

けで、ということはこちらの部屋の物音も向こうに丸聞こえのはずなので、神経を使って、一夜をひっそりすごした。

それでもそこはまがりなりにも部屋であった。そうではない場所で寝たこともある。伊豆大島の民宿に泊まった折のこと。

「添乗員さんは別棟へ行ってくださいな」と、主人がにこやかに言う。行ってみれば、別棟とは何のことはない、物置きのことであった。

ビールケースがうず高く山積みされているスペースの一角に布団が敷かれていた。自由に行動できるのは布団のスペースだけである。

おまけに物置きの脇に喫煙所がしつらえてある。従業員だろうか、入れ代わり立ち代わりタバコを吸いにやってくる。建て付けが悪いため、そのたびにタバコの煙が容赦なく襲ってきた。

狭苦しい上に、一晩中煙ぜめという、苦しみの二重奏を味わせられた。これもまた派遣添乗員の悲哀である。

はバラエティーに富んでいた。王侯貴族の部屋を引き当てた人は、ほかのツアー参加者を得意気に〝自室〟に案内していた。

某月某日　**無料ツアー**：旅行会社が儲かるカラクリ

近所のスーパーマーケットや日帰り入浴施設などで、抽選に当たって、無料のバスツアーに招待された、という経験はないだろうか。

旅行業界には無料のバスツアーを専門とするミステリアスな会社*が存在する。その手の会社の営業社員が、スーパーや入浴施設に「お客様サービスとして無料ツアーの抽選会を実施しませんか？」と商談を持ちかける。それに同意した店が抽選会を行なう。そうして選ばれし人たち（？）が、ツアーに参加するという次第である。

ツアーではそれなりの昼食が出て、有名な観光地も見学する。それでいて無料なのだから、参加者からすれば、こんなにウマい話はない。ふつうに考えれば、その旅行会社は採算がとれるのかと、いぶかるはずである。

しかし、そのような心配はとんとご無用だ。もちろん会社はしっかりと儲けが

ミステリアスな会社
極端な話、電話一本あれば旅行会社はできてしまう。ミステリアスな会社もそのうちのひとつ。この手の会社で働いていた社員は、ノウハウを身につけるとすぐに独立して、自らの会社を興すという。このようにしてミステリアスな会社が興されてはつぶれてが繰り返されていく。

出るような仕組みとなっている。かくいう私は、そういう怪しいツアーの添乗業務をしたことがある。

ツアーでは必ず、宝石店（毛皮店、布団店の場合もある）に寄る。滞在時間は1時間半ほど。

セールストークにたけたスタッフ*の説明の後、買いものタイムとなるのがパターンだ。高額商品のため、ほとんどの人は買うそぶりも見せない。

ところが中には宝石好きの人や多少興味のある人もいる。そういう人が話に乗り、目の前にキラキラ光るものを並べられたら、相手の思うツボ。目が光り出して、キラキラのデュエットとなってしまう。

旅行会社は宝石が売れれば御の字である。売上げに応じて、宝石店からの見返りがあるからだ。だが仮に売れなくても、それはそれで良い。

というのも抽選に当たった人がひとりで参加すれば、たしかに無料である。ただし同伴者をつれてくれれば、その人はタダでは旅行できない。割高な代金を払うことになる。

当選者は１００％、女性*である。彼女たちはたいていひとり参加をいやがって、

セールストークにたけたスタッフ
あるツアーでスタッフの説明を聞いたことがある。聴衆の笑いをとるのがとにかくうまく、10分ほどの説明中、爆笑につぐ爆笑であった。まずは笑わせ、リラックスしてもらったところで、セールスに入るというのが彼らのルーティンワークなのだ。

当選者は１００％、女性
抽選なのに１００％女性

友人や夫君をつれてくる。だから建前は無料であるが、実態はかぎりなく有料に近い。

またツアーでは、いろいろな土産物店に寄る。店からは売上げ、または人数に応じて、金銭のバックがある。さらに車内販売で業者からの手数料も入る。

ちなみにそういうキックバックの仕組みは、大手旅行会社の募集ツアーでも、基本的には同じである。たいてい車内販売や土産物店の売上げの10％くらいが旅行会社に支払われている。

タダ専門の会社も、大手の会社も、結局はカネ次第なのである。その証拠に無料ツアーはほとんどが土産物店か、それに類した店を中心に回るよう旅程が組まれている。

ところで、したたかなのは旅行会社だけではない。参加者の中に、宝石店に場慣れした様子の年輩女性がいた。聞けばその女性は毎月のようにひとりでいろいろとミステリアスな会社の無料ツアーをハシゴしているという。

常連に言わせれば、「宝石屋さえクリアすれば、あとはこっちのもの。タダで旅行ができて、お昼ごはんも食べられるんだもの、サイコーよ」とのこと。

になるのは本来ならおかしい。しかし、実際にそうなのだ。女性は「抽選に当たりました」の言葉に弱い。〝抽選〟が行なわれているかどうかもアヤシイ。

そういう心臓の持ち主ならば、この種のツアーとて問題はない。しかし気の弱い人は注意が必要である。

ピシャリと断ることができず、集中攻撃を浴びて、あえなく高価な宝石を購入というケースも、時としてある。タダほど恐いものはない、という結果になってしまう。

なお近頃では、宝石店などでの露骨な販売をカットし、かわりに土産物店の立ち寄りを多くしているツアーが増えているようだ。

また大手の旅行会社の半分ほどの格安料金で、特別招待旅行と銘打ったツアーもあるやに聞く。手を変え品を変え、あの手この手で参加者を呼びこもうとしているわけだ。

カラクリは基本的に同じである。もし参加するようなことがあるならば、ご用心を。

某月某日　ツアーにんげん劇場：出会いが織り成す一期一会のドラマ

ツアーにはじつにいろいろな人が集まってくる。

ほとんどの人は常識をわきまえていて、他人に迷惑をかけるようなことはしない。

その一方で、まわりの迷惑をかえりみない人も少数ながらも必ずいる。なかでも一番多いのは、大声でしゃべる、うるさい人たちだ。ずうっとケータイで話し続けている人もいる。その他、時間にルーズな人、酒に酔ってへベレケになる人、ケンカを引き起こす人、手クセの悪い人*などがいて、添乗員は悩まされることになる。

ここでは「ツアーにんげん劇場」と題して、人間味あふれる（？）ツアー参加者の模様をいくつかあげてみたい。

手クセの悪い人
ある神社を訪れたときの話である。お土産として参加者の人数分の御札が用意された。参加者がお参りをしているあいだ、私はそれを各人の座席の上に配っていった。その後、ある参加者が自分の分がないと言い出した。配ったあと、しばらくバス内に人がいなくなったことがあった。参加者のだれかが……とも思ったが、疑うわけにもいかない。それ以降、私はこうしたお土産はすべて直接手渡しで行なうようになった。

まずは、ツアー参加者の手クセの悪さが事件を起こしてしまったケースである。主人公は、気の弱そうな70代の女性である。日帰りツアーで立ち寄った土産物店でのこと。

土産物店の主人がその女性をつれ、困ったような顔をして私のところにやってきた。聞けば、土産物店から商品を持ち出し、会計をせずに店の外に出たところを犯行の一部始終を見ていた主人に取り押さえられたという。

私は女性とともに土産物店の小部屋に入り、主人から注意を受けた。首をうなだれた女性は「申し訳ありません」と小さな声で繰り返していた。土産物店の主人はきつい言葉で説教したものの、厳重注意にとどめてくれ、警察沙汰にはならなかった。

だが、この間のただならぬ雰囲気から、ほかの参加者たちはおおよその事情を察してしまった。次の目的地に向けてツアーは進められ、女性はそのまま参加したが、だれからも話しかけられることもなく、針のムシロ状態となる。以降は異様なムードが支配する、異常なツアーとなってしまった。

続いては、バスから一歩も外へ出なかった、ひとり参加の中年男性である。いくつかの目的地を経由するバスツアーで、１カ所目でも、２カ所目でもバスを降りようとしない。沈鬱な表情で座りっぱなしなのだ。

私は体調でも悪くなったのかと心配し、声をかけてみたが、「どこも悪くありません。このままで大丈夫です」と言う。

その後も目的地に到着しても、バスの座席に座ったまま、トイレにも行こうとしない。とにかく一日、座席に張りついていた。

音(ね)をあげたのは、ドライバーであった。観光スポットに着くと、添乗員も参加者も、バスから降りてしまう。バスに残っているのはドライバーと、座席にいる男性のみ。ドライバーはずっとその男性に背中を見せているのだ。安心して休むことなど到底できはしない。

数カ所の目的地を回ったところで、ドライバーは脅えの走った目をして私に訴えてきた。

「ねえ、あの人、気持ち悪いから、なんとかしてくれない？」

とはいえ、男性は何か害を与えるというわけでもない。車窓の景色を眺めるのが好きなのかもしれず、どうすごすかは当然、参加者の自由である。

「万一、何かあったらすぐに逃げられるようにドアは開けといたら」

ツアー参加者と一緒にバスをあとにする私の、からかい半分のアドバイスを真に受けたのかどうか、真夏だというのにバスのドアは開いたままであった。

赤ん坊の泣き声で、大問題になったこともある。赤ん坊づれの若い夫婦と老夫婦が、バスの座席で隣り合わせた。赤ん坊はオギャーオギャーと泣き続けていた。15分ほど泣き続けただろうか。うるさいのに腹を立てた老夫婦の夫が「なんでこんなところに赤ん坊をつれてくるんだ」と独り言のようにつぶやいた。それを聞いた若い父親が何ごとか言い返して、2人は言い合いになってしまった。

すぐに私が駆け寄り、仲裁に入って、その場はいったん収まった。

その後、バスの座席を入れ変えることで対応し、ツアーを完遂させることができた。

しかし、私の仲裁の仕方が問題となった。「なぜ添乗員は父親に強く注意しないのか」と老夫婦がツアーの後で旅行会社にクレーム*をつけてきた。

同じようなシチュエーションで、まったく違う結末になったこともあった。

赤ん坊づれの夫婦がいて、赤ん坊が大泣きを始めた。周囲の人たちは、困惑した表情を浮かべている。

母親はオロオロしながら赤ん坊をあやすものの、いっこうに泣きやむ気配はない。

見るに見かねたのであろう。後ろの席の年輩女性が母親に声をかけた。そして赤ん坊を受け取り、あやし始めた。周囲の人たちも静かに見守っていた。

赤ん坊はなおも火のついたように泣いていたが、女性は終始落ち着いた笑顔で赤ん坊をあやし続けた。やがて泣き疲れたのか、赤ん坊はスヤスヤ眠り出した。

子育てルーキーの母親は、ベテラン女性に何度も何度も頭を下げた。ほほえましい光景に周囲も和やかになり、成行きを心配していた私も胸をなでおろした。

旅は、人と人との出会いが織り成す一期一会のドラマである。せっかくの旅路、心穏やかにすごしたいと願っているのは参加者ばかりではない。

クレーム
この場合のように、その場では何も言わず、あとからクレームをつけて来ることが多い。ちなみに関西では、その場で苦情を言うことが多いそうだ。対して関東は、後出しクレームが圧倒的。

最後は不可解な参加者のエピソードである。

生モノが嫌いな人は海鮮丼を注文しない。野球が嫌いな人はスタジアムを訪れない。こんなことは当然と思われるが、こと旅行となるとそうでもないようなのだ。

極端な乗り物酔い体質とわかっていながら、バスツアーに参加してくる人がけっこういるのである。

私の経験上、バスツアーでは1～2カ月に1回ほどのペースで、「私はバスに酔うんです*」と宣言する参加者がいる。おそらく家族や友人との旅なのであろうが、添乗員としてはその言葉を聞いた途端、ヒヤヒヤものである。

そういう人が実際にひどい乗り物酔いになり、たいへんな事態になったことが何度もあるからだ。

「自主的に参加したわけだから自己責任」と突き放したいところだが、もちろんそうはいかない。介抱したり、場合によっては病院を手配したりしなければならない。

なかでも極端な例がある。新潟港からフェリーに乗って、北海道へ渡る3泊4

私はバスに酔うんです
こういうことを言う人が必ずといっていいほどリクエストするのが、バス前方の座席。ところが前方席が酔いにくいかというと必ずしもそうではない。一番酔いにくいといわれているのがバスの中間部。逆に酔いやすいのは、タイヤの真上の座席。振動が激しく、揺れるからだ。

日のツアーであった。

ツアーの前日、参加者たちに確認の電話を入れた際、ある女性が明るい調子でこう言った。

「私、船酔いしやすいんだけど、よろしくね」

この時点で嫌な予感はしていた。

はたして、フェリーに乗る日は、波の高い、ひどく荒れた海模様となった。ほとんどの参加者が酔って、食事もとれない状態であった。

ふつうの人たちでさえみなこうした状態になるのだ。「よろしくね」と言った女性はその程度では済まなかった。目眩（めまい）がすると言って、客室で倒れてしまった。*

客室に私やフェリーの乗務員が呼ばれた。さすがに乗務員はそういうケースに慣れているとみえ、テキパキと対応していた。

フェリーが小樽港へ着くやいなや、呼ばれて待ち構えていた救急車に乗り込み、女性は病院へ直行した。

病院で薬をもらうなどして、体調は回復したものの、旅行を続けるまでにはなれず、翌日もその次の日も小樽のホテルですごすことになる。

客室で倒れてしまった
倒れた女性によると、三半規管が悪いとのこと。そういう人がどうしても船旅をせざるを得ないときは、旅行保険に入っていたほうが無難だ。

そして、最終日、新千歳空港で観光を終えたツアー一行と合流して、東京へ帰った。私も体調を気づかい、声をかけた。しかし、体調が万全ではないからか、気恥ずかしさゆえか、女性は終始うつむき加減で、あいまいに返答するだけであった。

結局、彼女は北海道に苦しみに行ったようなものであった。

あとがき――火つきの悪いライター

私は自分ながらつくづく努力ということをしてこなかった人間だと思う。しなければとは思うのだ。けれども実行に移すことができない。タバコの火をつけるライターにたとえるならば、火つきの悪いライターなのである。

人生で初めて努力をしなければならなかったのは、高校入試である。しかしながら、ほとんど勉強らしい勉強をした覚えがない。

それでも私は中学校を卒業して、埼玉県立の高校に進学した。公立の中学だったので、学業成績のレベルでは、それこそピンからキリまでの生徒がいた。けれども高校は全員、そこそこ優秀な生徒ばかりであった。どちらを向いても、真面目な生徒ばかりである。そういう環境に身を置いて、私は自分という人間をよくよく思い知らされた。

コツコツ勉強ばかりする生徒を見ているうちに、「こいつらバカじゃねえか」

と思えてきたのである。世間的な価値観からすれば、そのような考え方をする私こそがバカなのであるが。

高校は男子校だったので、ガールフレンドは無縁であった。刑務所みたいな学校から逃避して、映画とパチンコに夢中になった。

学校をさぼっては、映画館の暗闇に身を沈めた。当時、東京のロードショー館はともかく、私が入るような地元の映画館はタバコの煙が立ちこめ、コーラのビンがゴロゴロと転がっているような、場末ムード満点*の場所であった。

ドロップアウト仲間にパチンコ狂がいた。影響を受けて、私も悪所通いをした。そういう吹きだまりのような場所は、鬱屈した青春に妙にフィットしていた。

私はその道の筋が良かったのか、けっこう実入りがあった。ドル箱を積み上げて、悦に入っているある夜、私の肩を叩く者がいた。振り返ると、私の高校の教師であった。

私の高校は生徒も生徒だったが、教師もまたそろいもそろって面白味のない連中ばかりであった。どの教師も冗談ひとつ言うでもなく、つまらなそうな顔をして、淡々と授業をこなしていた。

場末ムード満点
私が高校生のころのグレードの落ちる映画館というのは、じつに寂れた場所であった。不良学生やヨタ者も、ほとんど出入りしていなかった。映画マニアか、ある種の世捨て人が集まるところであった。今となっては信じられないことだが、喫煙も許されていた。

ところがどんな組織にも、はみ出し者は必ずいる。私の肩を叩いたのは、ヤクザ先生という渾名（あだな）の体育教師であった。

その教師の保健の授業ときたら、きわどいエッチな話とケンカの自慢話というハチャメチャぶり。前歯が一本欠けているのがご愛嬌であった。暴れん坊時代の名残りであろう。

肩を叩かれた私はギョッとした。ほかの教師であれば、無事では済まなかったであろう。

「調子いいじゃねえか」とやさぐれ先生は気にも留めない様子で、通路をスタスタ行ってしまった。

以来、たまにパチンコ屋で出くわすことがあった。そのたびに私は軽く会釈した。先生は薄笑いを浮かべた。2人は収容所列島のはぐれ者同士なのだった。

そんな生活を送っていたから、学校のテストの成績は超低空飛行であった。それでも2年生の中間テストで、数学のテストで零点を取ったときにはショックだった。何しろ人生初の、ゼロとの遭遇である。

それでも一時のショックから立ち直ると、こんなことではダメだという気持ちは全然湧かないのであった。そのころにはもう、いい大学を出て、いい会社に就職して、「寄らば大樹の陰」的な人生のコース設定とはすっぱりと訣別していた。

私の高校はほぼ全員が有名大学進学を目指していた。親の意向もあって、学習意欲のかけらもない私もその流れに乗った。*

願書を出した大学は、変なプライドもあって、同級生たちとほぼ同じレベルであった。結果は甘いものではなかった。5つの大学を受けたが、すべて不合格。テストの出来ばえは、本人が一番わかっていた。

当時、「受験生ブルース」*というフォークソングが流行(はや)るくらい、大学受験は熾烈(しれつ)を極めていた。卒業時、クラスの半分は浪人生だった。私もそのひとりで、東京の予備校に通うことになった。

ここまで読み進んでくださった方は、だいたい想像がつくであろう。高校生時代そのままに、私の居場所は映画館とパチンコ屋であった。

昭和40年代、東京には名画座*と呼ばれる、古今東西の映画を上映する映画館がひしめいていた。私は予備校へはほとんど通わず、連日のように名画座をハシゴしたものだった。

私もその流れに乗った
そのころ、自営業を始めていた親の商売が軌道に乗り、経済的に余裕ができていた。出来の悪い息子とはわかっていても、世間体を気にして、大学だけは出てくれとせがまれた。

受験生ブルース
高石ともやが歌ってヒットしたフォークソング。70年安保の前後は、学生運動が盛んであった。そういう時代と連動するかのように、従来の歌謡曲とは異質のフォークソングが、若者を中心に人気を集めた。

名画座
昨日は池袋、今日は新宿、明日は飯田橋と、毎日の

10代という人生でもっとも感受性の鋭敏なときに鑑賞した名画の余韻は、今でもまだ心の襞に張りついている。

そのような日々をすごしているうちに、あっというまに年が明けてしまった。新年となれば、じきに受験のスタートだ。さすがに焦った私は、1カ月ほど机にかじりついた。

その甲斐あってか、高3のときに全滅した5大学のうち、一校だけ引っかかった。デタラメ受験生を拾ってくれた大学に、私は晴れて入学した。

大学に入学したら入学したで、だれはばかることなく、映画三昧の日々をすごした。その後の顛末は、すでに述べたとおり。

今こうしてわが人生を振り返ってみても、20代のシナリオライターを目指していたころの自分が、本当に情けない。夢を見ること、語ることだけは一人前で、努力の二文字がまったくなかった。

努力も才能のうちと言われるが、私にはその才能が欠けていた。そしていたずらに青春を空費してしまった。まさに火つきの悪いライターそのものであった。

ように東京中の名画座に通った。今考えると、いい気なもんだと自分ながらあきれてしまうほど。一部の名画座は、今でも健在だ。

そんな私も還暦を越え、セミリタイヤ生活を送るようになって、時間に余裕ができるようになった。

そこでいろいろな人と出会い、さまざまなドラマを垣間見てきた添乗員生活を振り返って、原稿でも書いてみようかという気になった。そうして思い出のアルバムを開き、ひとつひとつのエピソードを原稿にしたためていった。

振り返れば原稿の執筆に2年ほどの歳月が流れていた。もちろん添乗業務は現在進行形なので、その合間をぬっての執筆であった。

原稿用紙に文字を刻みこんでゆく日々は、充実感に満ちていた。その充足感を味わっただけでも、私は満足であった。

さりながら、完成した原稿を形あるものにしたいと願うのは人情である。そこで私は旧知の編集者に原稿を読んでもらうことにした。

1カ月ほどで返事が来た。曰く、「今は紙の本を出すのは難しいですから」とやんわり断られた。

そうして私は中小の出版社をターゲット*に電話で売り込みをかけていった。その数およそ30。うち半分は、「持ちこみ企画はいっさいお断わりしています」と

中小の出版社をターゲット 大手の出版社には自費出版の部署がある。おそらく原稿を持ちこめば、そちらに回されることであろう。それであえて大手の会社には売り込みをしなかった。

事務的かつ冷淡に電話を切られた。

なんとか電話の第一関門を突破しても、色よい返事をもらうことは叶わなかった。けれども私はめげずに、負け戦を続けていった。

よく仕事で訪れた旅行会社に、優秀な営業成績を誇る社員がいた。その社員は飛びこみでの会社回りを日常の業務としていた。飛びこんだ会社でセールスするのは社員旅行の企画であった。

飛びこみで訪れ、話を聞いてくれるのは、20〜30社に1社で、ほとんどは門前払いなのだという。さらに、話を聞いてくれた中で成約にいたるのがこれまた20〜30社に1つなのだそうだ。

「断られるのが前提なので、時間を作って話を聞いていただけるだけでもありがたい、という気持ちでやっています」

柔和な笑顔で彼はそう話してくれた。

その話を思い起こしながら、私もまた敗れざる者の心意気で挑戦を繰り返した。

そうして出会ったのが、三五館シンシャであった。タイミングが絶妙だった。

私が電話をしたタイミングで、三五館シンシャでは『交通誘導員ヨレヨレ日記』

という本がヒットしていた。同社はそのヒット本の第2弾を考えていたところだという。

作品の第1ラウンドは原稿執筆、第2ラウンドは売りこみであった。そして第3ラウンドは、シリーズの趣旨に沿うように原稿を大幅に書き直すことであった。三五館シンシャのリクエストに応えながらの改稿が続いた。そして完成したのが、この作品である。

添乗員の仕事を通じて学んだことのいくつかは本文中に述べた。あらためてひとつ強調すると、打たれ強くなったことである。

クレームを経験したことのない添乗員はおそらくひとりもいないであろう。大なり小なりのクレームを受けながら、くじけずに仕事を続けていかなくてはならない。

原稿の売りこみの過程で、われながらたくましくなったと思ったのは、断わられても断わられても、へこたれもせず、あきらめもしなかったことである。

『七人の侍』*の勘兵衛(かんべえ)ではないが、「こんどもまた負け戦だったなあ」と平然と

七人の侍
巨匠・黒澤明の大スペクタクル時代劇作品。野武士の襲撃に対して、農民たちが用心棒として7人の侍を雇うというストーリー。クライマックスの戦のシーンが、臨場感あふれる映像で描かれている。侍のリーダー・勘兵衛のセリフは、戦が終わって農民たちが田植えをするラストシーンでつぶやかれたもの。

受け流す度量が、十数年の添乗業務を通じて備わったのだ。

火つきの悪いライターもようやく火がつくようになった。サムエル・ウルマンがうたった『青春』*のように、私も燃える秋と冬の季節を生きてみようと思う。

2020年2月

梅村 達

青春
詩の冒頭は次のとおり。「青春とは人生の或る期間を言うのではなく心の様相を言うのだ。優れた創造力、逞しき意志、炎ゆる情熱、怯懦（きょうだ）を却ける勇猛心、安易を振り捨てる冒険心、こう言う様相を青春と言うのだ。年を重ねただけで人は老いない。理想を失う時に初めて老いがくる」（岡田義夫訳）

梅村達◉うめむら・たつ
1953年東京生まれ。大学卒業後、映画の制作現場を皮切りに、塾講師、ライター業などを経て、50歳のとき、派遣添乗員に。以来、いくつかの派遣会社を移りながら、現在も日々、国内外の旅行に付き添う現役添乗員である。本書がヒットしたら、「月1～2回、趣味みたいに添乗員の仕事をしていきたい」というのがささやかな夢。

派遣添乗員ヘトヘト日記

二〇二〇年　三月　一日　初版発行
二〇二〇年　三月二六日　三刷発行

著　者　梅村達
発行者　中野長武
発行所　株式会社三五館シンシャ
〒101-0052
東京都千代田区神田小川町2-8　進盛ビル5F
電話　03-6674-8710
http://www.sangokan.com/

発　売　フォレスト出版株式会社
〒162-0824
東京都新宿区揚場町2-18　白宝ビル5F
電話　03-5229-5750
https://www.forestpub.co.jp/

印刷・製本　中央精版印刷株式会社

ISBN978-4-86680-908-3